かんたん！ かわいい！ 低カロリー！

ひとくち和菓子

のむらゆかり

日東書院

まえがき

海外に行くと改めて日本のよさを再認識させられます。和菓子もそのひとつ。和菓子は五感で味わうものといわれ、日本の四季、文化、日本人の精神性、そのすべてが凝縮されているように感じます。

丁寧で繊細な手仕事。季節を感じさせる色、形。そのお菓子に合うさまざまな日本茶。そして日本茶を引き立てる味の謙虚さがあるのも和菓子の素晴らしい特徴のひとつです。企業が多国籍化し、さらにインターネットの普及により世界がボーダレス化し、各国の民族性が希薄になりつつある現代社会。ひと昔前は街のどこにでも手作りの和菓子屋さんがありました。でも、いつの間にか数が少なくなり、甘いものといえば洋菓子、コーヒーが当たり前になってしまいました。

その昔、私の母方の実家は造り酒屋をしており、祖母は酒かすや米あめ、麹を使って何でも作ってしまう料理上手な人でした。祖父は、はなれの茶室でひとり煎茶をたしなむ人で、それらを受け継いだ母は当然のように自家製のあんでおめざやおやつを作ってくれました。春には桜の木の下でよもぎやつくしを摘み、草もちやぼたもちを作り、皆で食べた楽しい記憶があり、それは私にとっての宝物です。

日本では昔から十時と三時はお茶の時間でした。それは仕事の手を休め、仲間と語らい、心身を緩める時間。心と身体に大切な「間」を忘れかけている現代だからこそ、和菓子と触れ合う時間を大切にしていただきたいと思います。

お砂糖の量を自分の好みで加える手作りのあんのおいしさもぜひ知っていただきたいのですが、最近ではおいしいあんも販売されるようになり、和菓子によっては洋菓子より簡単に作ることができるようになりました。この本を参考に、大切な人達と季節ごと、和菓子や日本茶で和やかなひとときを気軽にお過ごしいただけましたら幸いです。

のむらゆかり

もくじ

まえがき……2

和菓子作りのおもな材料……6
和菓子作りのおもな道具……8

あんを手作りしましょう
つぶしあん……10
白あん……12
簡単白あん……13
いろいろなあん……14
グリンピース・紫芋・かぼちゃ・抹茶・桜

第1章
季節を彩る和菓子
〈春〉
桜もち・菜の花もち……16
草もち……18
桜かん……20
春の冷やし汁粉……21
うぐいすもち……22
〈夏〉
ひとくちみつ豆……24
水ようかん……25
結び葉……26
水まんじゅう……28
あじさいかん……29
〈秋〉
三色おはぎ……30
芋きんとん……32
こがね焼き……33
芋ようかん……34
かぼちゃかん……35
月のうさぎ……36
〈冬〉
織部饅頭《おりべまんじゅう》……38
ゆずもち……39
花びらもち……40
初あられ……42
小梅かん……43

第2章
贈り物の和菓子
練りきり……46
花ういろう……48
マスカットの錦玉《きんぎょく》かん……50
いちごかん入り最中《もなか》……51
小さなどら焼き……52
浮島《うきしま》……54
きんとん（春）……56
カステラまんじゅう……57
つや干し錦玉《きんぎょく》……58
落雁《らくがん》……60

第３章

野菜・果物の和菓子

枝豆かん……64

枝豆かんと白玉の白みつがけ……65

野菜あんのあんこ玉……66

（紫芋・抹茶・かぼちゃ）

くずれんこん……68

赤じそかん……69

野菜と白みそあんの茶巾……70

フルーツのみぞれかん……72

杏ようかん……73

青豆きんとん……74

いちごとあずきのくず寄せ風……76

抹茶と豆乳のくず寄せ風……77

日向夏柑《ひゅうがなつかん》のゼリー……78

金柑《きんかん》のゼリー……79

第４章

昔なつかしい和菓子

かりん糖……82

吉野山……84

松風風……85

きな粉すはま……86

わらびもち……87

みたらし団子……88

きび団子……90

白玉のずんだあん……91

そば団子……92

ごまみそボウロ……93

酒かすあられ……94

おこし……95

column

①ホッとひと息！ 和菓子に合う日本茶「煎茶《せんちゃ》」……44

②ホッとひと息！ 和菓子に合う日本茶「釜炒《かまい》り茶」……62

③ホッとひと息！ 和菓子に合う日本茶「ばん茶」……80

本書の決まり

- 大さじ１は 15mℓ、小さじ１は５mℓです。
- 砂糖と表示してあるものはビートグラニュー糖を使用していますが、お好みの砂糖でもかまいません。
- ベーキングパウダーはアルミニウム無添加のものを使用しています。
- 電子レンジの加熱時間は 600W を基準にしています。500W なら 600W の 1.2 倍の加熱時間が必要です。使用するレンジに合わせて調節してください。
- オーブンは電気オーブンを使用しています。

■和菓子作りのおもな材料

和菓子に使われる主原料は砂糖、水あめ、米粉、小麦粉、あずきなどとてもシンプル。ただし、粉類は種類が多くさまざまです。そこで、米粉を中心に基本的な材料の特徴や使い方をご紹介します。

米粉

上新粉

うるち米を精白、水洗いし、乾燥させてから粉にしたもの。色は白く歯ごたえがある。米の風味があるものがよいとされている。「団子」や「草もち」などに使われる。

もち粉

もち米を精白、水洗いし、粉にしてから乾燥させたもの。ぎゅうひの材料にするので《ぎゅうひ粉》ともいう。「大福」などに使われる。

白玉粉

もち米を精白、水洗いし、石うすで水挽きし、沈殿したものを乾燥させたもの。昔は厳寒期に作られたため別名《寒ざらし粉》と呼ばれた上等品。おもに「白玉団子」に使われる。

道明寺粉

もち米を水洗いし、水に浸しておいてから蒸しあげ、乾燥させたもの。一千年以上も前、道明寺というお寺で作られたのがこの名の由来。「桜もち」や「おはぎ」などに使われる。

寒梅粉

もち米を水洗いし、一晩水に浸した後、蒸してもち状にしたものを焼いて細かく粉砕したもの。お米の風味が豊かで、おもに「落雁」に使われる。

上用粉

うるち米を精白、水洗いし、乾燥させてから粉にしたもの。米粉の中でも特に細かい粉で「上用まんじゅう」などに使われる。

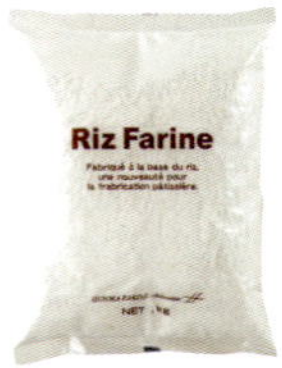

リ・ファリーヌ（米粉）

薄力粉の100%代替として使用できる微粉末の上新粉。和菓子ばかりでなく洋菓子やパン作りにも使われる。

リ・スフレ

もち米を特殊加工して焙煎し、米の持つ香ばしい風味とカリッとした歯ざわりが特徴の米食材。和菓子ばかりでなく洋菓子にも使われる。

粉類

そば粉

そばの種子を脱穀、製粉したもの。特有の食感と風味がある。「そば団子」や「そばまんじゅう」に使われる。

くず粉

くずの根から作られるデンプン。なめらかな舌ざわりが特徴。和菓子には欠かせない材料で夏に多く使われる。

わらび粉

わらびの根から作られるデンプン。灰褐色で粘りやコシが強く、風味がある。「わらびもち」などに使われる。

青大豆粉

青大豆を原料にして作ったきな粉で、うぐいす色をしている。別名《うぐいすきな粉》ともいう。「うぐいすもち」や「おはぎ」などに使われる。

砂糖・甘味料

和三盆

徳島県や香川県で栽培した甘蔗で作られる砂糖。手で練りあげては水分を圧縮除去する操作を何回もくり返す特殊な伝統製法で作られる。特有の風味があり、高級和菓子に使われる。

きび砂糖

さとうきびを原料として作られるもので、素朴な風味とソフトな甘さが特徴。カルシウム、カリウム、マグネシウムなどを多く含んでいる。

白ざらめ糖

精製糖の一種で水分が少なく結晶が大きい。さっぱりとした甘みで、さらさらとして水に溶けやすいが固まりやすい性質がある。

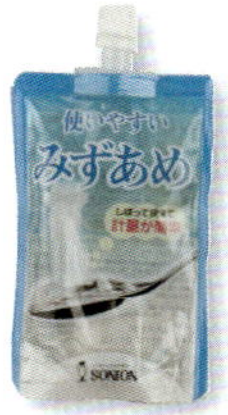

水あめ

デンプンから作られた無色透明で軽い甘さの甘味料。絞って使えて計量も簡単なチューブ状の容器入り。

寒天・その他

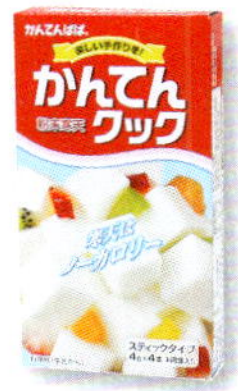

粉寒天

テングサやオゴノリなどの海藻から作られた粉末状の寒天。水に浸けたり、裏ごししたりする必要がないからとても便利。

水まんじゅうの素

電子レンジや鍋で作れる〝水まんじゅうの素〟。くず粉と寒天の微妙な配合により、冷凍も可能。解凍すると元のみずみずしいおいしさに戻る。

桜の花の塩漬け

使うときは塩抜きしてから使う。白あんに混ぜて「桜あん」を作ったり、和菓子の飾りに使ったりする。

桜の葉

桜の葉を塩漬けにしたもので、使うときは塩抜きしてから使う。おもに「桜もち」に使われる。

乾燥梅肉

梅干しの果肉をフリーズドライにしたもの。お菓子作りに使うほか料理にも使われる。ほんの少しの量で梅の風味を楽しめる。

乾燥よもぎ

よもぎを乾燥させたもの。水で戻せば香り豊かなふっくらとしたよもぎになる。「草もち」や「草団子」に使われる。

塩麹

麹と塩、水を混ぜて発酵させた調味料。料理だけでなく和菓子や洋菓子にも隠し味に使ったりする。

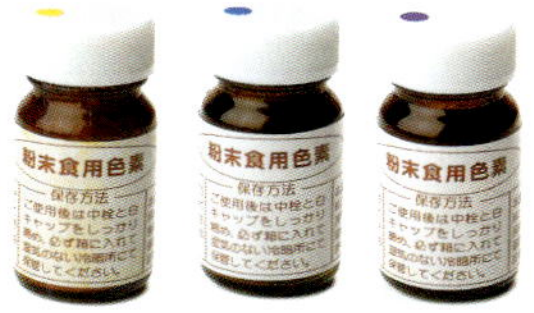

食用色素

天然の素材から抽出した安心安全な粉末タイプの食用色素。少量の水で溶いてから使う。和菓子、ゼリー、アイシングの色づけに使われる。

■和菓子作りのおもな道具

和菓子作りでよく使われる道具を紹介します。いつもの料理作りに使っている道具で代用できるものもあります。何が足りないかをチェックしてから買い足しましょう。

量る

計量スプーン
大さじ1（15㎖）、小さじ1（5㎖）があれば十分。粉類は平らにすり切りにして使う。

計量カップ
粉類も液体類も量るので、透明なタイプがおすすめ。耐熱ガラス製は直接電子レンジにもかけられて便利。

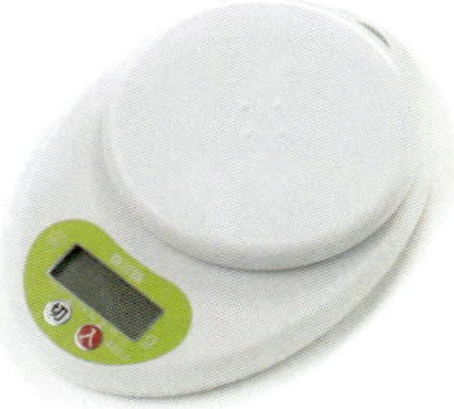

はかり
1g単位で1kgまで量れるデジタルタイプのものが使いやすい。容器の重さを0にできる風袋自動引き機能のついたものはさらに便利。

混ぜる・泡立てる

木べら
材料を混ぜたり、練ったり、裏ごししたりするのに使う。匂いがつきやすいので、できればお菓子専用に。

ゴムベラ
材料をさっくり混ぜたり、生地を型に流し入れたり、ボウルの内側についた生地などをきれいに取り出すときに重宝する。

泡立て器
卵の泡立てや材料を混ぜ合わせるときに使う。ワイヤーの本数が多く弾力性のあるものがおすすめ。

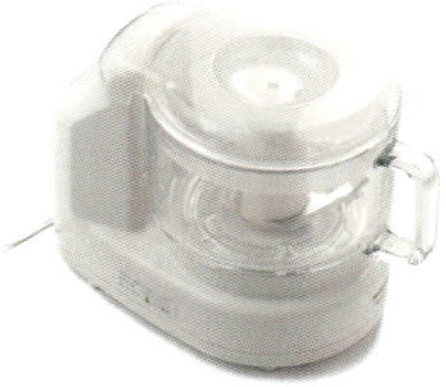

フードプロセッサー
材料を刻む、する、おろす、混ぜることなどを瞬時に簡単にできる。野菜やフルーツをペースト状にするのに便利。

こす・ふるう

ストレーナー
粉類や砂糖をふるったり、材料の水切りをしたり、野菜やくだものを裏ごししたりするのに使う。

茶こし
少量の粉類をふるったり、液体をこしたりするのに使う。和菓子の仕あげにきな粉やうぐいすきな粉をふるったりする。

きんとんこし
野菜やフルーツを裏ごししたり、きんとんで使う芋やあんをそぼろ状にする道具。藤製、竹製、ステンレス製などがある。

型

流し缶

水ようかん、蒸し菓子など、さまざまな和菓子を作るのに使われる。底が持ちあがるので取り出しやすくて便利。

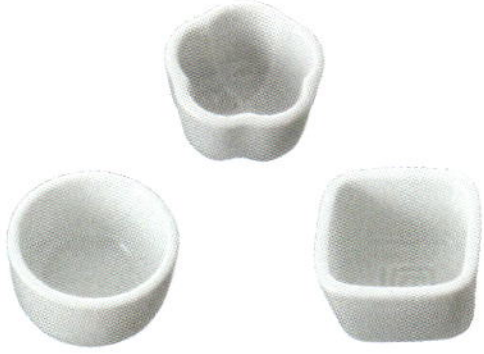

陶器の型

１つずつ流し入れる陶器製の型。水ようかん、梅ゼリー、水まんじゅうなどに使える。

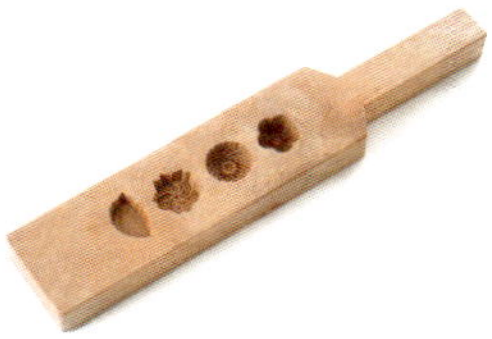

打菓子用の型

生地を詰めて抜き、形作る道具。桜、梅、菊などの花や葉など季節の風物を表すさまざまな型がある。

抜き型

練りきりに添える飾り、つや干し錦玉、すはまなどの生地を抜くのに使う。花や葉の形のものがあると便利。

その他

ボウル

材料をかき混ぜたり、こねたりするのに使う。湯せんにかけたり、氷水で冷やしたり、冷凍することもできるステンレス製がおすすめ。

めん棒

ういろうやあられなど、生地を薄くのばしたりするのに使う。

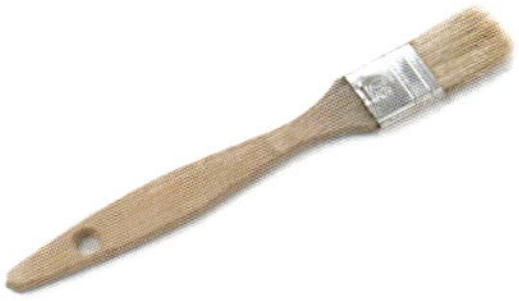

ハケ

こがね焼きなどの表面につや出し用の卵液をぬったり、余分な打ち粉をはらったりするのに使う。

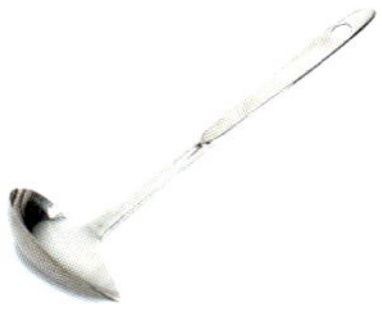

横口レードル

生地を型に流すときにとても便利。注ぎやすく液だれが少なくてすむ。

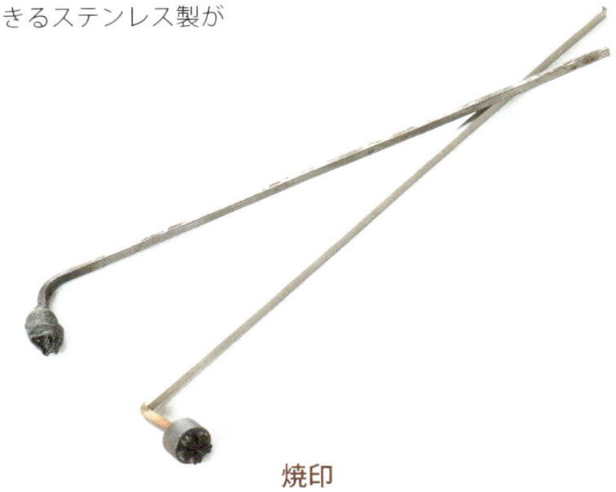

焼印

熱した焼印でまんじゅうやどら焼きなどの表面に焼き跡をつけたりするのに使う。季節の花や千鳥などがある。

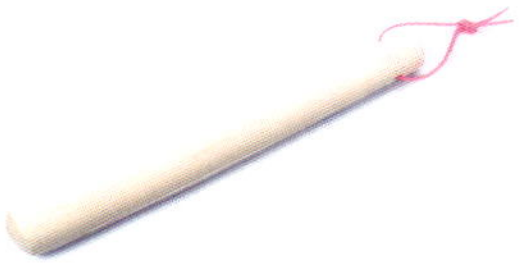

すりこぎ

もちをついたり、野菜やごまなどをすり鉢ですりつぶしたりするのに使う。

蒸し器

団子やおまんじゅう、蒸しパン作りに使われる和菓子作りの必需品。中華菓子やプリンにも使う。

あんを手作りしましょう

和菓子作りの決め手はなんといっても「あん作り」にあります。あん作りはちょっと手間がかかりますが、その分市販のあんに比べて値段も安くでき、おいしさは格別です。手作りにこだわった自家製のあんなら、お友達にも自慢できます。多めに作って冷凍保存しておけば、食べたいときにすぐに使えて重宝します。ただ、できるだけ簡単に和菓子作りを楽しみたいという人は、好みの市販のあんを利用してもいいでしょう。

つぶしあん

祖母から伝わるレシピを母がアレンジしたこしあんに近いおいしいつぶしあん。白ざらめ糖、きび砂糖、上白糖の３種の砂糖を使ったコクと旨味のある風味豊かなあんです。ぜひお試しください。

材料

あずき……………………………300 g
白ざらめ糖………………………200 g
きび砂糖…………………………25 g
塩…………………………………少々
上白糖……………………………大さじ２

●あんはねやすいのでやけどに注意する。
●つぶしあんは冷めると固くなるので、少しゆるめで火を止める。
●保存するときは少量ずつラップにくるんで冷凍し、使うときは自然解凍する。

作り方

あずきは虫食いなどの豆を取り除いてよく洗い、たっぷりの水に一晩浸しておく。

鍋にあずきとあずきの倍量くらいの水を入れて火にかける。沸騰したらコップ１杯の水（びっくり水）を加える。

もう一度煮立ったらザルにあげ、渋切りをする（ゆで汁を捨てる）。

あずきを鍋に戻して水を加え、強火にかける。沸騰したら弱火にし、途中さし水をしながら 40 ～ 60 分煮る。豆が指で軽くつぶれるようになったら火を止める。

5

かくはんしすぎると粘りが出てきてしまうので注意する。

4を煮汁ごと少しずつミキサーに入れ、そのつど約15秒かくはんする。

6

かくはんした5を、サラシで作った袋に入れていく。

7

袋の口をぎゅっと押さえ、水気をしっかり絞る。

8

水分が抜けたら鍋に¼量を入れる。砂糖が溶けるくらいの少量の水（分量外）と白ざらめ糖、きび砂糖を加えて火にかける。

9

白ざらめ糖、きび砂糖が溶けるまで絶えず木べらでかき混ぜる。

10

残りのあんと塩を加え、さらに練りながら火を通す。

11

最後に味をみながら上白糖を加えて練り混ぜる。あんを落とし、先端が山になるくらいの固さになったらできあがり。バットに少量ずつ取って冷ます。

※豆は新豆の時期に購入し、そのまま冷凍庫に保存しておけば、いつでもおいしい「あん」が作れます。

白あん

手亡（てぼう）豆で作る白あんは、淡白で上品な味わいが特徴。他の材料を混ぜたり着色したり、さまざまな味と色のバリエーションを楽しむことができます。練りきりで使うほか、まんじゅうや焼き菓子の中身などに使えます。

材料

手亡（てぼう）豆………300 g
白ざらめ糖………………190 g
塩…………………………少々
上白糖……………………50 g

- ●豆はたっぷりの水に一晩水に浸しておくことがコツ。水につけずに茹でてしまうと時間がかかり、色も濃くなってしまう。
- ●あんは冷めると固くなるので少しゆるめで火を止める。
- ●保存するときは少量ずつラップにくるんで冷凍する。使うときは自然解凍する。

作り方

1

手亡豆は虫食いなどの豆を取り除いてよく洗い、たっぷりの水に一晩浸しておく。

2

鍋に手亡豆と豆の倍量くらいの水を入れて火にかける。沸騰したらコップ一杯の水（びっくり水）を加え、もう一度煮立たせ、アクを取り、ザルにあげる。

3

鍋に戻して水を加え、強火にかけ、沸騰したら中火弱にし、途中さし水をしながら１時間半～２時間煮る。豆が指で軽くつぶれるようになったらザルにあげる。

4

３を半量ずつ２回に分け、ミキサーに入れてかくはんする。

5

途中ゴムベラなどで上下を返しながらなめらかなあんにする。

6

鍋に白ざらめ糖と少しの水（分量外）を入れ、５の⅓量を加え、混ぜながら火にかける。

7

白ざらめ糖が溶けたら残りのあんを加え、さらに練りながら火を通す。塩を加え、味をみながら上白糖を加えて練り混ぜる。

8

あんを落とし、先端が山になるくらいの固さになったらできあがり。

簡単白あん

市販の煮豆（白花豆）を使った白あん。あっというまにできるからとっても簡単。甘さが気になる人は甘さ控えめのものを選びましょう。

材料

白花豆の煮豆（市販）…300ｇ

上白糖……………………大さじ１～２

- 白花豆の水煮缶を使う場合は、塩分入りのものが多いので、水につけて塩抜きをしてから使う。熱湯につけておくと甘みはかなり抜ける。
- 水分が多い場合は、弱火にかけて混ぜながら水分をとばすか、キッチンペーパーを上にのせ、電子レンジで２～３分加熱して。

作り方

1

白花豆の煮豆を熱湯で洗う。

2

ザルにあげて、水気を切る。

3

フードプロセッサーに**2**を入れて、上白糖を加える。

4

スイッチを入れ、ペースト状になるまでかくはんする。

5

4を耐熱容器に移し、キッチンペーパーをのせ、電子レンジで２～３分加熱する。

6

取り出してかき混ぜ、上からふきんをかけ、粗熱を取る。

7

白あんのできあがり。

いろいろなあん

白あんに野菜の裏ごしや抹茶などを混ぜ合わせて彩りのよいあんを作ってみましょう。風味もよく、とてもヘルシーなあんは、いろいろな和菓子作りに利用できます。

グリンピースあん

あんを使用した「青豆きんとん」は74ページに

白あん 180 g

グリンピースの裏ごし 50 g
＋上白糖大さじ1～2＋塩少々

紫芋あん

あんを使用した「紫芋あんのあんこ玉」は66ページに

白あん 180 g

紫芋ペースト大さじ½
＋上白糖大さじ1～2＋塩少々

かぼちゃあん

あんを使用した「かぼちゃあんのあんこ玉」は66ページに

白あん 180 g

かぼちゃの裏ごし 50 g
＋上白糖大さじ1～2＋塩少々

抹茶あん

あんを使用した「野菜と白みそあんの茶巾」は70ページに

白あん 180 g

抹茶パウダー小さじ1弱
＋上白糖大さじ1～2

桜あん

あんを使用した「桜かん」は20ページに

白あん 180 g

※桜の花は塩抜きする

桜の花（葉）のみじん切り小さじ2
＋上白糖大さじ1～2

第1章

季節を彩る和菓子

和菓子は自然と同じように、季節の移り変わりを感じさせてくれる数少ないもののひとつです。香りばかりでなく、素材や形でも季節を感じることができます。暑い夏には涼しげな水ようかん、寒い冬には温かいおまんじゅう。難しそうに見える和菓子作りですが、電子レンジを使えば驚くほど簡単にできます！

春の訪れが待ち遠しくなる

桜もち・菜の花もち

材料（各５個分）

道明寺粉……………………100 g
食用色素（赤）……………少々
水……………………………150 mℓ
砂糖…………………………30 g
塩……………………………少々
《桜もち》
　つぶしあん………………100 g
　桜の葉の塩漬け………… 5枚
《菜の花もち》
　菜の花……………………小さじ２
　白あん……………………100 g

準備

○つぶしあん、白あんをそれぞれ 20 g ずつに丸めておく。
○桜の葉の塩漬けは水洗いし、水につけて塩抜きしておく。
○菜の花の葉先のみを茹でてみじん切りにし、よく水気を絞っておく。

作り方

1　耐熱ボウルに道明寺粉と食用色素を加えた水を入れてよく混ぜ、ラップをし、電子レンジで３分加熱する。
2　ラップをはずして少し空気を入れ（イ）、再度ラップをして５分ほど蒸らす。
3　砂糖、塩を加えてよく混ぜ合わせて２等分にし、桜もちと菜の花もちに使用する。
4　桜もちを作る。3 の生地を５等分にして丸める。
5　手の上で 4 を丸くのばし、丸めておいたつぶしあんを中心にのせ（ロ）、包み込む。俵型にととのえ、水気を切った桜の葉で包む。
6　菜の花もちを作る。3 の生地に菜の花のみじん切りを加えて混ぜ（ハ）、５等分にする。
7　手の上で 6 を丸くのばし、丸めておいた白あんを中心にのせて包み込む。丸く形をととのえ、菜の花を飾る。

イ

ロ

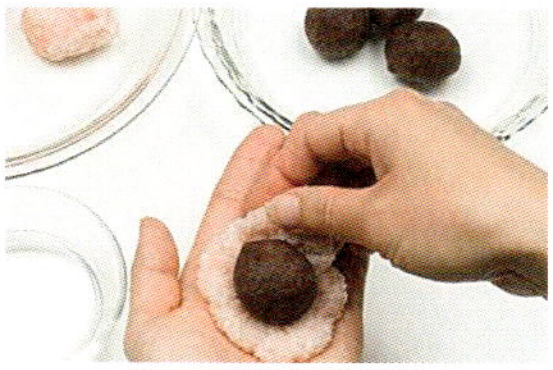

ハ

野趣あふれる春の和菓子

草もち

材料（13 個分）

よもぎ（生）………………6 本

（乾燥よもぎを使う場合は 84 ページを参照してください）

重曹…………………………少々

上新粉………………………200 g

ぬるま湯……………………160㎖

砂糖…………………………40 g

つぶしあん…………………260 g

準備

〇つぶしあんは 20 g ずつに丸めておく。

上新粉
うるち米を精白、水洗いし、乾燥させてから粉にしたもの。団子作りにもよく使われる。（群馬製粉）

もっと簡単！

電子レンジでも作れます！

（上記の半量を作る場合）

上新粉 100g と水 160㎖と砂糖大さじ３を耐熱のボウルに入れ、ラップをし、電子レンジで３分加熱する。取り出してよくかき混ぜ、再度１分ずつ２回加熱し（透明になるまで５分以上加熱する）、よもぎを加えて再度 30 秒加熱し、よく混ぜる。以下、上記（7）と同じようにして作る。

作り方

1　よもぎは硬い部分を取り除き、重曹を入れたたっぷりの湯でやわらかく茹でる。冷水にさらし、水分を絞ってみじん切りにし、すり鉢でさらに細かくすりつぶす（イ）。

2　ボウルに上新粉を入れ、ぬるま湯を少しずつ加え、力を入れてこね、少し硬めのこねあがりにする。

3　蒸し器にふきんを敷き、2 の生地を手で小さく握りながらちぎってのせ（ロ）、蒸気のあがった蒸し器で約 30 分蒸す。

4　ふきんごと取り出し、手に水をつけてもみ、ひとまとめにする（ハ）。

5　ボウルに移し、砂糖を３回くらいに分けて加え、すりこぎでしっかりつく（ニ）。

6　砂糖が完全に混ざったら、1 のよもぎを加えてこねる。耳たぶくらいのやわらかさになるまでこねる。硬い場合は少し水を足して。

7　生地を 30g ずつにちぎって丸くのばし、中央につぶしあんをのせて半分に折り、とじる。

イ

ロ

ハ

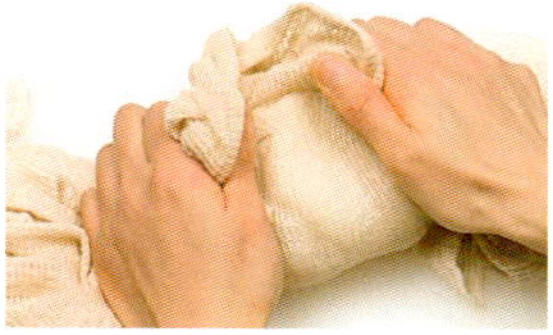

ニ

桜の香りが口いっぱいに広がって

桜かん

材料（12 個分）

桜の花の塩漬け…………12 個
白あん……………………96 g
桜の葉…………………… 2 枚
《寒天液》
- 粉寒天………………4 g
- 水……………………500 mℓ

グラニュー糖…………60 g
キルシュ酒……………少々

作り方

1 桜の花の塩漬けは、水につけて塩分を抜く（イ）。

2 白あんにみじん切りにした桜の葉を入れて混ぜ合わせ、12 等分にして丸める。

3 鍋に粉寒天と水を入れて火にかけ、かき混ぜながら煮溶かす。沸騰したら弱火にし、1 分半ほど煮る。

4 グラニュー糖を加えて溶かし、火からおろし、キルシュ酒を加える。

5 水でぬらした型に桜の花を入れ、4 を少量流し、2 をのせる（ロ）。

6 4 の寒天液を流し、冷やし固める（ハ）。

イ

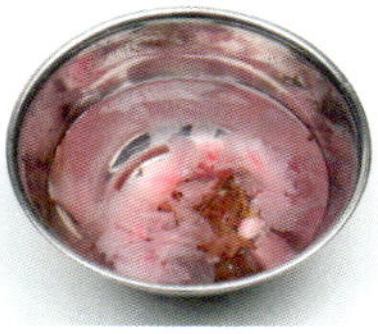

ロ

ハ

桜かんを使ってもう一品

上品な甘さと冷たいのどごし

春の冷やし汁粉

材料（6 人分）

●抹茶汁粉
水…………………………150 mℓ
砂糖………………………70 g
抹茶パウダー……………小さじ ½
白あん……………………300 g

●桜かん
寒天液（上記に同じ）
桜の花の塩漬け………… 3 個
（塩抜きし、がくを取り除く）

作り方

1 抹茶汁粉を作る。鍋に水、砂糖を入れて煮立て、シロップを作る。

2 シロップの中から小さじ 2 を取り、抹茶パウダーに加えてよく溶き混ぜる。

3 白あんに 2 を加え、一度混ぜてから残りのシロップも加えてよく混ぜ、冷蔵庫で冷やす。

4 桜かんを作る。上記を参照して寒天液を作り、桜の花を加える。流し缶に流し、冷やし固める。

5 器に 3 を注ぎ、スプーンですくった 4 を浮かべる。

“春告鳥《はるつげどり》”のうぐいすをかたどった春の和菓子

うぐいすもち

材料（10 個分）

もち粉……………………………100 g
砂糖………………………………50 g
塩…………………………………少々
水…………………………………130 mℓ
水あめ……………………………10 g
こしあん…………………………250 g
青大豆粉…………………………適宜

準備

○こしあんを 10 等分にし、丸めておく。

作り方

1 耐熱のボウルにもち粉、砂糖、塩をふるい入れ、 水を加えて混ぜ合わせる（イ）。
2 ラップをし、電子レンジで 1 分加熱し、取り出してゴムベラで混ぜ合わせる（ロ）。
3 再度 3 分加熱して取り出し、透明感が出るまでかき混ぜる（ハ）。
4 水あめを加え（ニ）、ラップをし、電子レンジで 20 秒ほど加熱し、よく混ぜる。
5 バットに青大豆粉を広げ、4 の生地を取り出す（ホ）。
6 手に青大豆粉をつけながら生地を一度細長くし（ヘ）、10 等分にする。
7 丸めて軽くのばし、ハケで粉をはらい、丸めたこしあんを包む。
8 楕円に形をととのえ、両端をきゅっとつまんでうぐいすの形にし、茶こしで青大豆粉をふるう。

イ

ロ

ハ

ニ

ホ

ヘ

ひとくちで楽しめる水菓子

ひとくちみつ豆

材料（約 30 個分）

- 粉寒天……………………………2 g
- 水…………………………………200 mℓ
- グラニュー糖…………………60 g
- 甘納豆（えんどう豆）………30 個
- いちご…………………………６〜７個
- フルーツカクテル（缶詰）…適宜
- 栗の甘露煮……………………適宜
- 黒みつ…………………………適宜

準備

○いちご、フルーツの缶詰、栗の甘露煮は製氷皿に合わせ、小さく切っておく。

作り方

1 鍋に粉寒天と水を入れて火にかけ、かき混ぜながら煮溶かす。

2 沸騰したら弱火にし、１分半ほど煮、グラニュー糖を加えて溶かす。

3 製氷皿などに 2 の寒天液を少し流し入れ、その上から甘納豆、いちご、フルーツの缶詰、栗の甘露煮などをのせ（イ）、再度寒天液を流し、冷やし固める。

4 型からはずして器に盛り、お好みで黒みつをかける。

イ

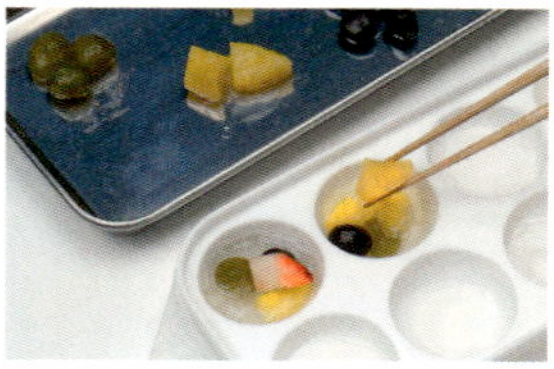

上品な甘さとなめらかな口当たり

水ようかん

材料（13.5 × 15.5cmの流し缶 1 台分）

こしあん………………500 g

┌ 粉寒天………………3 g
└ 水……………………400 mℓ

塩………………………少々

砂糖……………………50 ～ 70 g

砂糖はこしあんの甘さをみながら加えて、自分好みの水ようかんを作りましょう。冷やすと甘みは薄れるので注意しましょう。

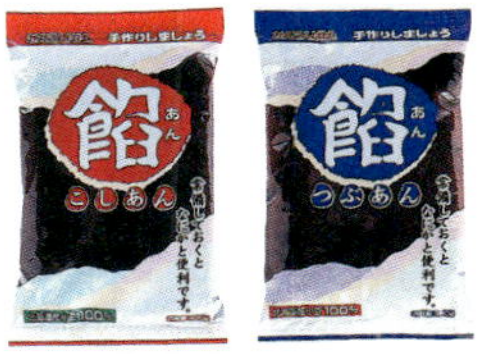

こしあんとつぶあん
（伊那食品工業）

作り方

1 こしあんを一度裏ごしする。

2 鍋に粉寒天と水を入れて火にかけ、かき混ぜながら煮溶かす。沸騰したら弱火にし、1分半ほど煮る。

3 塩を加えて溶かし、火からおろして **1** を加える。なめらかになるまで木べらでかき混ぜ、砂糖を加えて3分ほど煮る。

4 水でぬらした流し缶に流し入れ（イ）、氷水で粗熱を取り、冷やし固める。

5 型から取り出し、ひとくち大に切り分ける。

イ

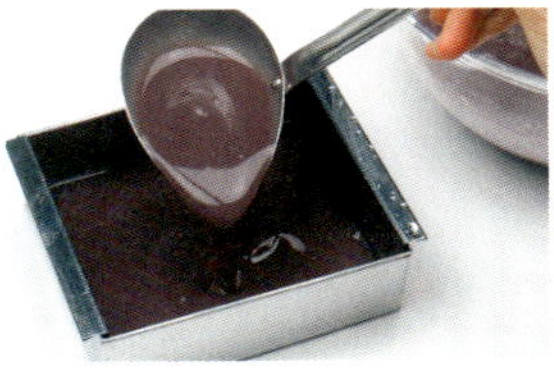

寒天で作るひとくちサイズのきらきらゼリー

結び葉

材料（6cm の木の葉型 25 個分）

- 粉寒天…………………2 g
- 水………………………200 mℓ

グラニュー糖……………100 g

食用色素（緑・黄）……各少々

準備

○食用色素はそれぞれ少しの水で溶いておく。

初夏の若葉が青々と生い茂る頃、葉と葉が重なり合って結ばれたような様子を「結び葉」と言います。眩しい光の中で、つながるように葉をのばし、輝いている葉の様子……。美しい日本語です。白あんをプラスすれば、おいしいひとくちようかんにもなります。

作り方

1 鍋に粉寒天と水を入れて火にかけ（イ）、かき混ぜながら煮溶かす。

2 沸騰したら弱火にし、1 分半ほど煮る（ロ）。

3 グラニュー糖を加えて煮溶かし、火からおろし、半分に分ける。

4 それぞれに水で溶いた緑と黄色の食用色素を加え（ハ）、２色の寒天液を作る。

5 型に流し、冷蔵庫で冷やし固める（ニ）。

6 水にぬらした指で押し、型から取り出して器に盛る。

イ

ロ

ハ

ニ

便利でヘルシーな粉寒天を活用しよう！

寒天はカロリーがほとんどなく、食物繊維の働きで糖分を体外に排出してくれます。その上、無味無臭なので、ほかの素材の味をこわすこともありません。これが寒天が和菓子作りに欠かせないといわれている大きな理由です。粉寒天は「はかりで計量する」のがいちばんですが、細かい分量が量れない場合は小さじ 1 杯（すりきり）＝約 2g を目安にしてください。

粉寒天は計量スプーンの小さじ 1 杯（すりきり）で約 2 g です。

粉寒天
（伊那食品工業）

プルルンとした食感が人気の夏の生菓子

水まんじゅう

材料（10 個分）

- 水まんじゅうの素…………150 g
- 熱湯……………………………300 mℓ

お好みのあん……………………130 g

準備

○あんは 13 g ずつに丸めておく。

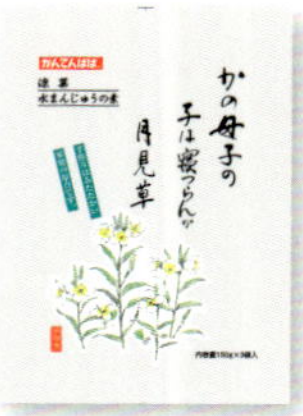

くず粉と寒天をブレンドした粉末の「水まんじゅうの素」。これを使えば、電子レンジや鍋で簡単に水まんじゅうが作れるので便利。（伊那食品工業）

作り方

1. 耐熱のボウルに水まんじゅうの素を入れ、90℃以上の熱湯を加え、泡立て器でよく混ぜる（イ）。
2. ラップをし、電子レンジで 3 分加熱し、よく混ぜる。
3. 容器の半分まで 2 の生地を流し、あんをのせる（ロ）。
4. あんの上からも生地を流し（ハ）、冷蔵庫で冷やし固める。

イ

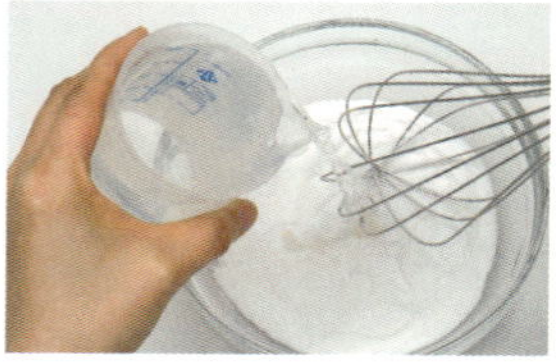

ロ

ハ

抹茶あんやこしあんの代わりに、いちごや杏などのフルーツを入れてもカラフルできれい。

キラキラの寒天を花びらに見立てて

あじさいかん

材料（８個分）

- 粉寒天……………………3 g
- 水…………………………250 mℓ

グラニュー糖………………150 g

食用色素（青・紫）………各少々

白あん………………………160 g

準備

○食用色素はそれぞれ少量の水で溶いておく。

○白あんは 20 g ずつに丸めておく。

市販のあんを利用する場合、あんがやわらかすぎるときは火を入れて水分をとばし、硬い場合は水を足して調節するといいでしょう。

作り方

1 鍋に粉寒天と水を入れて火にかけ、かき混ぜながら煮溶かす。沸騰したら弱火にし、１分半煮る。

2 グラニュー糖を加えて溶かし、火を止める。

3 寒天液を半量ずつに分け、水で溶いた青の食用色素と紫の食用色素をそれぞれに加えて混ぜる。

4 ２色の寒天液をそれぞれのバットに 5㎜ほどの高さになるよう薄く流し、冷やし固める。

5 ４の寒天を 5㎜強のさいの目に切り、丸めた白あんにはりつける（イ）。

イ

お彼岸にはかかせないおはぎ、道明寺粉で作ればとっても簡単

三色おはぎ

材料（12 個分）

- 道明寺粉……………………120 g
- 水………………………………180 mℓ

砂糖………………………………大さじ 2

塩…………………………………少々

つぶしあん……………………120 g

- きな粉…………………………大さじ 3
- 砂糖……………………………大さじ 2
- 塩………………………………少々

- 白あん…………………………80 g
- 抹茶パウダー…………………1 g

準備

○つぶしあんは 20 g ずつ（4 個）と 10 g ずつ（4 個）に分けておく。

おはぎとぼたもちは呼び名が違うだけで、実は同じ食べ物です。ぼたもちは「牡丹餅」と書かれ、牡丹の季節「春」の呼び名。おはぎは「お萩」と書かれ、萩の季節「秋」の呼び名です。

作り方

1. 耐熱のボウルに道明寺粉と水を入れて混ぜ（イ）、ラップをし、電子レンジで 4 分加熱する。
2. 取り出してラップをはずし（ロ）、ぬれぶきんをかけて 5 分蒸らす。
3. 砂糖と塩を加えて混ぜ合わせ（ハ）、12 等分にして丸める。
4. つぶしあんのおはぎを作る（4 個）。サラシに丸くのばしたつぶしあん（20g）をのせ、**3** をのせ、サラシごと包み込む（ニ）。
5. きな粉のおはぎを作る（4 個）。きな粉、砂糖、塩を混ぜ合わせる。
6. **3** を丸くのばし、つぶしあん（10g）を包み、**5** をまぶしつける。
7. 抹茶あんのおはぎを作る（4 個）。白あんに抹茶パウダーを混ぜ合わせて抹茶あんを作る。
8. サラシに丸くのばした **7** をのせ、**3** をのせ、サラシごと包み込む。

イ

ロ

ハ

ニ

素朴な風味は子どものおやつやお茶うけにぴったり

芋きんとん

くちなしの実

材料（16個分）

さつま芋……………………250g
くちなしの実……………… 1個
みりん………………………大さじ2
上白糖………………………大さじ3～4
塩……………………………少々
米あめ………………………大さじ1
栗の甘露煮（小）…………… 8個

準備

○栗の甘露煮は半分に切っておく。

さつま芋はくちなしの実を一緒に入れて茹でることで、色鮮やかできれいな色に仕あがります。砂糖の量はさつま芋の甘さをみながら調節して。

作り方

1 鍋に厚めに皮をむいたさつま芋とくちなしの実を入れ、やわらかくなるまで煮る。
2 温かいうちに裏ごしし、ペースト状にする。
3 鍋にみりんを入れて煮切り、上白糖と塩、米あめを加え、2を加える。
4 上白糖が溶けるまで弱火でよく混ぜ、冷めたら17gずつに丸めて平らにする。
5 硬く絞ったぬれぶきんに4をのせ、さらに栗の甘露煮をのせ（イ）、ぎゅっと絞って茶巾にする。

イ

やさしい甘さの栗入り黄身あんを包んだ焼き菓子

こがね焼き

材料（18 個分）

- 栗の甘露煮…………………… 2 個
- 白あん…………………………150 g
- 寒梅粉…………………………5 g
- 卵黄……………………………½ 個分
- 米あめ（みりん）…………小さじ ½

《つや出し用卵液》

- 卵黄…………………………½ 個分
- みりん………………………少々

イ

作り方

1 栗の甘露煮はみじん切りにしてキッチンペーパーの上で水気を切る（イ）。

2 耐熱のボウルに白あんを入れ、上にキッチンペーパーをのせ、電子レンジで 1 分加熱する。

3 取り出してかき混ぜ、再度 1 分半～ 2 分加熱する。

4 こふき芋のようになるまで白あんの水分をとばし、バットに移して冷やす。

5 4 をボウルに移し、寒梅粉を加えてよく混ぜ、卵黄、米あめの順に加えて混ぜる。

6 5 の生地を 8g ずつに丸めて平らにし、1 の栗（2g）を中心にのせ、回しながら包みこむ。

7 卵黄とみりんを混ぜ合わせたものをハケで上にぬる。

8 190℃のオーブンで 13 ～ 15 分焼く。

素朴なおいしさ、豊かな味わい

芋ようかん

材料（5～6個分）

- さつま芋……………………100 g
- 熱湯…………………………60 mℓ
- ［粉寒天……………………2 g
- 　水…………………………100 mℓ
- 上白糖………………………25 g
- きび砂糖……………………10 g
- 塩……………………………少々

作り方

1. さつま芋は蒸すか、電子レンジで約７分加熱してやわらかくし、裏ごしし（イ）、熱湯を加えて混ぜ合わせる。
2. 鍋に粉寒天と水を入れて火にかけ、かき混ぜながら煮溶かす。
3. 沸騰したら弱火にし、１分半ほど煮る。
4. 上白糖、きび砂糖、塩を加えて溶かす。
5. １に４を加え（ロ）、よく混ぜ合わせる。
6. 水でぬらした流し缶に流し、冷やし固め、ハートの型で抜く。

イ

ロ

別の野菜でもう一品

自然な甘さでホッとする

かぼちゃかん

材料（5～6個分）

- かぼちゃ…………………100 g
- 熱湯………………………60 mℓ
- ［粉寒天…………………2 g
- 　水………………………100 mℓ
- 上白糖……………………25 g
- きび砂糖…………………10 g
- 塩…………………………少々

ハ

作り方

1. かぼちゃは種を取り、蒸すか、電子レンジで約７分加熱してやわらかくする。皮を取り除いて裏ごしし、熱湯を加えて混ぜ合わせる。
2. 以下、芋ようかんと同じようにし、水でぬらしたどんぐりの型に流して（ハ）、冷やし固める。

月に住むうさぎを練りきりで

月のうさぎ

材料（12 個分）

白あん……………………………330 g

［白玉粉…………………………3 g
　水………………………………小さじ 2］

栗の甘露煮……………………… 2 個

食用色素（黄）…………………少々

準備

◯食用色素は少量の水で溶いておく。

◯白玉粉は水で溶いておく。

◯栗の甘露煮をみじん切りにし、キッチンペーパーの上において水気を切っておく。

作り方

1 練りきりあんを作る。白あんを耐熱のボウルに入れ、キッチンペーパーをのせ、電子レンジで 1 分加熱する。取り出してかき混ぜ、再度電子レンジで 1 分加熱する。

2 白っぽく水分がとんだら、水で溶いた白玉粉を加え、電子レンジで 2 分加熱し、ゴムベラでよく混ぜ合わせる。

3 台の上にふきんを敷き、その上に 2 を取り出し、冷めるまでよくこねる。

4 すべて親指大にちぎったら（イ）、生地を合わせてこね、ひとまとめにする。空気が入り白くなるまでこの作業を 3 ～ 4 回くり返す。

5 別のボウルに 4 の生地を 60g 取り分け、栗のみじん切りを加えて混ぜ合わせる。12 等分にし、丸めておく。

6 残りの 4 の生地から 20g を取り分け、めん棒で薄くのばし、うさぎの型で抜く（ロ）。

7 6 で残った生地に水で溶いた食用色素を加えて黄色にし（ハ）、12 等分にする。

8 丸めて平らにし、5 の栗あんを中心にのせ、 回しながら包みこむ（ニ）。その上に 6 のウサギに水を少量つけてのせる。

うさぎの型

イ

ロ

ハ

ニ

ほのかにただよう酒の香りがたまらない

織部饅頭《おりべまんじゅう》

材料（７個分）

大和芋……………………………30ｇ
酒かす……………………………9ｇ
上白糖……………………………70ｇ
イーストパウダー（なければ
ベーキングパウダー）……1ｇ弱
上用粉……………………………50ｇ
［食用色素（緑）…………少々
　水………………………………小さじ２～３
こしあん…………………………70ｇ

準備

○こしあんは 10ｇずつに丸めておく。
○食用色素は水（小さじ２～３）で溶いておく。

イ

作り方

1　大和芋は皮をむき、すり鉢ですり、酒かすを加えて混ぜ合わせる。
2　1に上白糖を３～４回に分けて加え、イーストパウダーを加えて混ぜ合わせる。
3　ボウルに上用粉をふるい入れ、2をのせ、少しずつかつ、素早く粉を混ぜ合わせる。耳たぶより少しやわらかい、マシュマロのようなハリのある生地にする。
4　3の生地の中から小さじ２ほどを取り分け、水で溶いた食用色素で緑色にする。
5　3の残りの生地を 13ｇずつに切り分けて丸くのばし、こしあんをのせ、回しながら包み込み、丸く形をととのえる。上に4の緑の生地を筆でのせる（イ）。
6　蒸気のあがった蒸し器に硬く絞ったぬれぶきんとオーブンペーパーを敷き、間をあけて5を並べ、霧を吹き、中火弱で８～９分蒸す。
7　金網に油をぬり、その上に取り出して冷ます。

ゆずの香りが口いっぱいに広がって

ゆずもち

材料（13.5 × 15.5 cm 流し缶 1 台分）

- 白玉粉……………………………65 g
- 水…………………………………100 mℓ
- 上白糖……………………………70 g
- ゆず茶……………………………30 g
- 手粉用片栗粉……………………20 g
- ゆずのすりおろし……………少々

もっと簡単！

電子レンジでも作れます！

ボウルに水で溶いた白玉粉を入れ、ラップをし、電子レンジで 4 分 50 秒加熱する。取り出してかき混ぜ、再度 1 分加熱し、取り出してかき混ぜる。また、2 分加熱し、透明になるまでレンジにかける。以下、上記（3 ～ 5）と同じようにして作る。

作り方

1. ボウルに白玉粉を入れ、水を少しずつ加えながら指で溶き混ぜる。
2. 鍋に入れて弱火にかけ、木べらでよく混ぜながら火を入れる。
3. 底から固まり、全体が透明になったら、上白糖を 2 回に分けて加える。
4. 最後にゆず茶を加えて混ぜる。
5. 片栗粉を広げた流し缶に 4 を入れ、上から片栗粉をふるい、手で押さえて形をととのえる（イ）。冷やし固めたらひとくちサイズに切り分け、ゆずのすりおろしをあしらう。

イ

新春を彩るお祝いのお菓子

花びらもち

材料（10 個分）

《ごぼうのみつ煮》

ごぼう……………………½ 本
水………………………200 mℓ
砂糖……………………100 g

《にんじんかん》

┌ 粉寒天…………………2 g
└ 水………………………40 mℓ
にんじんジュース………30 mℓ
砂糖……………………60 g
白あん…………………120 g
水あめ…………………8 g

《白みそあん》

白みそ…………………6 g
砂糖……………………3 g
白あん…………………50 g
水………………………大さじ 1

《ぎゅうひ生地》

白玉粉…………………50 g
水………………………90 mℓ
上白糖…………………80 g
水あめ…………………小さじ 3

手粉用片栗粉……………適宜

準備

○ごぼうのみつ煮は前日から準備する。ごぼうは 10cmの長さに切り、水から煮る。アクが出なくなるまで水を替え、竹ぐしがすっと入るくらいまでやわらかく茹でる。冷水にさらして細く切り、水と砂糖を煮立てた中に入れてひと煮立ちさせ、そのまま一晩つけておく。

作り方

1 前日つけておいたごぼうを再度弱火にかけ、みつが ¾ くらいになるまで煮詰める。

2 にんじんかんを作る。鍋に粉寒天と水、にんじんジュースを入れて火にかけ、かき混ぜながら煮溶かす。沸騰したら弱火にし、1 分半ほど煮、砂糖、白あん、水あめを加えて混ぜる。

3 流し缶に薄く流し、冷やし固め、四角に切る（イ）。

4 白みそあんを作る。鍋に白みそと砂糖を入れ、弱火にかけて溶かす。

5 別の鍋に白あんと水を入れて弱火にかけ、4 を加えてよく混ぜる。

6 ぎゅうひ生地を作る。ボウルに白玉粉を入れ、水を少しずつ加えながら指で溶き混ぜ、上白糖を加えて混ぜる。ラップをし、電子レンジで 1 分加熱する。

7 取り出してかき混ぜ、なめらかになったら再度 1 分加熱する。もう一度取り出してかき混ぜ、最後に 1 ～ 2 分透明になるまで加熱し、水あめを加えて混ぜる。

8 バットに片栗粉を広げ、7 のぎゅうひ生地をのせ、全体に片栗粉をまぶす。10 等分にし、手である程度広げてからめん棒でのばし、丸型で抜く。※残った生地は粉をはらい、再度電子レンジで加熱して溶かし、作り直すことができる。

9 粉をハケではらい、3 のにんじんかんをひし形にのせ、5 のみそあんとごぼう 2 本をのせてはさむ（ロ）。

イ

ロ

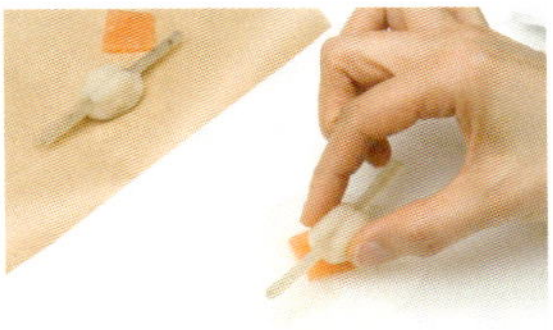

ごぼうの砂糖菓子

ごぼうのみつ煮が余ったら鍋に入れ、グラニュー糖を大さじ 4 ほどを加えて煮る。砂糖が結晶化してきたらクッキングペーパーに広げ、乾燥させるとごぼうの砂糖菓子ができる。

あられに見立てた白い練りきりで季節感を出して

初あられ

材料（30 個分）

白あん……………………330 g

- 白玉粉…………………3 g
- 水………………………小さじ 2

食用色素（緑）…………少々

こしあん…………………90 g

準備

○食用色素は少量の水で溶いておく。

○白玉粉は水で溶いておく。

○こしあんは 3g ずつに丸めておく。

作り方

1. 練りきりあんを作る。白あんを耐熱のボウルに入れ、クッキングペーパーをのせ、電子レンジで 1 分加熱する。取り出してかき混ぜ、再度電子レンジで 1 分加熱する。
2. 白っぽく水分がとんだら、水で溶いた白玉粉を加え、再度電子レンジで 2 分加熱し、ゴムベラでよく混ぜ合わせる。
3. 台の上にふきんを敷き、その上に 2 を取り出し、冷めるまでよくこねる。
4. すべて親指大にちぎったら、生地を合わせてこね、ひとまとめにする。空気が入り白くなるまでこの作業を 3 ～ 4 回くり返す。
5. 4 の生地を 30g 取り分け、飾り用に小さく丸めておく。
6. 残りの生地に水で溶いた食用色素を加え、うす緑色にする。
7. ラップに生地をおき、薄くのばし、正方形（7g）に切り分ける。
8. 中心にこしあんをのせ、四方から生地を真ん中に寄せるようにして包み、5 をのせる。

梅酒ゼリーと梅入りあんで二度おいしい

小梅かん

材料（12 個分）

白あん……………………48 g
梅パウダー………………小さじ 1
┌ 粉寒天…………………2 g
└ 水………………………200 mℓ
グラニュー糖……………50 g
梅酒………………………100 mℓ
食用色素（赤）…………少々

容器や型がない場合は、バットなどに寒天液を薄く流して四角形に切り、丸めたあんにかぶせてもいいでしょう。

作り方

1　白あんに梅パウダーを加えてよく混ぜ、4g ずつに丸める。
2　鍋に粉寒天と水を入れて火にかけ、かき混ぜながら煮溶かす。
3　沸騰したら弱火にし、１分半ほど煮る。グラニュー糖を加えて溶かし、火からおろし、梅酒を加えて混ぜる。
4　少量の水で溶いた食用色素を加え、薄いピンク色にする。
5　水でぬらした容器に寒天液を容器の２分目くらいまで流し、少し固まったところで 1 のあんを入れる。あんの上から寒天液を流し（イ）、冷やし固める。

イ

column ①

ホッとひと息！
和菓子に合う日本茶

煎《せん》茶《ちゃ》

さわやかな香りと渋みの中にもまろやかな甘みがあり、鮮やかな黄緑色が特徴。日本茶の約８割を占める煎茶は、採取した茶葉を蒸す→揉む→乾燥という過程を経て作られたお茶の総称です。春の一番摘みの新茶から夏の二番摘みまでの葉を加工した上級品を指します。上品な甘みとコクのある煎茶には繊細な甘さの「水ようかん」や「練りきり」、「きんとん」といった和菓子がおすすめです。

おいしい入れ方

1 小ぶりの急須と茶碗を用意する。沸騰している湯を人数分の湯のみに注ぎ、次に急須にあけ、さらに急須の湯を湯冷ましに移す。

2 湯をあけた急須に茶葉（１人分 2g）を入れる。

3 湯冷ましに移した湯（80 ～ 90℃）を急須に端の方から静かに注ぐ。

4 ふたをして約１分蒸らす。この間に湯のみに湯を注いで温めておく。

5 ふたを押さえて急須を持ち、味や濃さが均一になるよう均等にまわしつぎする。最後の一滴まで絞る。二煎目は 90℃くらいのお湯を注ぐ。

第２章

贈り物の和菓子

見ているだけでかわいいと、思わずほおずりしたくなるひとくちサイズの小さな和菓子。ちょっとしたおもてなしや贈り物、それにごあいさつの手みやげにもぴったりです。むずかしそうに見えても、コツさえつかめば作り方は意外に簡単！　和菓子作りに慣れてきたら、ぜひ挑戦してほしいものばかりです。

こしあんの代わりに甘納豆を包んでもおいしい

練りきり

材料（各 13 個分）

●水鳥

白あん……………………………330 g

白玉粉…………………………3 g

水………………………………小さじ 2

こしあん………………………26 g

食用色素（黄・茶）……………各少々

●花

白あん……………………………330 g

白玉粉…………………………3 g

水………………………………小さじ 2

こしあん………………………26 g

食用色素（ピンク・緑）………各少々

準備

○白玉粉は水で溶いておく。

○こしあんは 2g ずつに丸めておく。

○食用色素はそれぞれ少量の水で溶いておく。

イ

ロ

ハ

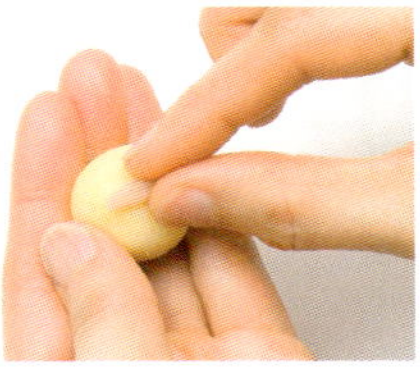

ニ

作り方

1 練りきりあんを作る。白あんを耐熱のボウルに入れ、クッキングペーパーをのせ、電子レンジで 1 分加熱する。取り出してかき混ぜ、再度電子レンジで 1 分加熱する。

2 白っぽく水分がとんだら、水で溶いた白玉粉を加え（イ）、電子レンジで 2 分加熱し、ゴムベラでよく混ぜ合わせる。

3 台の上にふきんを敷き、その上に 2 を取り出し、冷めるまでよくこねる。

4 すべて親指大にちぎったら、生地を合わせてこね、ひとまとめにする。空気が入り白くなるまでこの作業を 3 ～ 4 回くり返す。

5 水鳥の練りきりを作る場合は 4 の生地の中から 10g を取り分け、水で溶いた食用色素で茶色にし、くちばし（13 個分）を作る。

6 残りの生地は水で溶いた食用色素で黄色にする（ロ）。

7 6 の生地で頭と胴体を作る。頭（4g）を丸めて作り、5 のくちばしをはりつけ（ハ）、竹ぐしで穴をあけて目にする。

8 胴体（5g）はこしあんを包んで丸め、頭をのせる部分をへこませる。尾の部分は親指と人差し指でつまみ（ニ）、しっぽにする。つばさの線を竹ぐしで描き、7 の頭をのせる。

9 花の練りきりを作る場合は 1 ～ 4 まで同じようにし、5 で練りきりあんを 20g 取り分け、食用色素でピンクや薄緑色にする。めん棒で薄くのばして桜の型で抜く。

10 残りの生地を 13 等分し、こしあんを包んで丸く形をととのえ、9 の中心部を竹ぐしで押さえて飾りつける。

かわいい色と形にうっとり

花ういろう

材料（約 20 個分）

水……………………………150 ㎖
上白糖……………………120 g
塩…………………………少々
上用粉……………………60 g
もち粉……………………50 g
水あめ……………………小さじ 2
食用色素（赤）…………少々
白あん……………………40 g
手粉用片栗粉……………適宜

準備

〇白あんは 2g ずつに丸めておく。
〇食用色素は水で溶いておく。

ぎゅうひは和菓子の材料のひとつで、白玉粉やもち粉を練って作るもちの一種。練りきりやうぐいすもちなどに使われます。

作り方

1 ぎゅうひ生地を作る。鍋に水と上白糖、塩を入れて火にかけ、溶かす。
2 ボウルに上用粉ともち粉を入れ、1 を少しずつ加え（イ）、泡立て器でよく混ぜてこす。
3 ラップをし、電子レンジで 1 分加熱する。取り出してかき混ぜ、再度電子レンジで 3 分加熱し、透明になったら水あめを加えてよく混ぜる。
4 水で溶いた食用色素を少しずつ加えてピンク色にする（ロ）。
5 バットに片栗粉を広げ、4 のぎゅうひ生地をのせ、全体に片栗粉をまぶす。
6 薄くのばして菊の型で抜く（ハ）。
7 真ん中に丸めておいた白あんをのせ、4 つ折りにする（ニ）。

イ

ロ

ハ

ニ

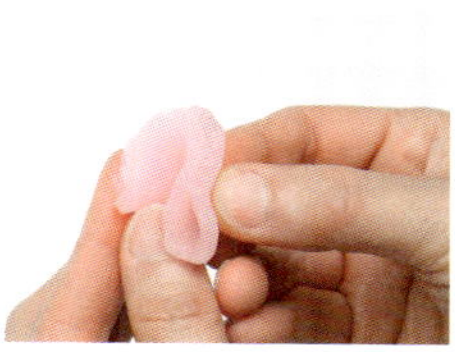

夏のおもてなしにぴったり

マスカットの錦玉《きんぎょく》かん

材料（5個分）

マスカット………………5個

粉寒天…………………2g
水………………………150㎖

グラニュー糖……………150g

レモン汁…………………大さじ2

錦玉とは寒天を溶かして作るお菓子のこと。美しい透明感と冷たさが魅力。マスカットの代わりに梅酒の梅やプチトマトなどを固めてもいいでしょう。

作り方

1 小さな器にラップを敷き、マスカットをのせておく（イ）。

2 鍋に粉寒天と水を入れて火にかけ、かき混ぜながら煮溶かす。沸騰したら弱火にし、さらに1分半ほど煮る。

3 グラニュー糖を加えて溶かし、火を止め、レモン汁を加えてこす。

4 3の寒天液を冷水につけて冷やし、とろみがついてきたら1に8分目まで流す。

5 茶巾状に包み、ひもや輪ゴムなどでしばり、冷やし固める。固まったらラップをはずして盛りつける。

イ

いちごかんで味と食感にアクセント

いちごかん入り最中《もなか》

材料（30個分）

《いちごかん》

- いちご……………………6～8個
- グラニュー糖…………大さじ2
- レモン汁………………少々
- グラニュー糖…………大さじ3
- 粉寒天………………1 g
- 水……………………150 mℓ

あん（お好みのあん）…390 g

最中の皮（最中種）……30個

準備

○あんは13 gずつに丸めておく。

作り方

1. いちごかんを作る。いちごにグラニュー糖とレモン汁をまぶし、水分が出てきたら弱火にかける。
2. いちごの色素が抜けてきたら、煮汁（100 mℓ）のみを取り出し（少ない場合はお湯を足す）、グラニュー糖を加えて溶かす。
3. 鍋に粉寒天と水を入れて火にかけ、かき混ぜながら煮溶かす。沸騰したら1分半ほど煮て、2を加えて混ぜ合わせる。
4. 流し缶に流して冷やし固め、1㎝角に切る。
5. 丸めたあんの中に4を入れ、最中の皮ではさむ。

ころころ最中種
（cuoca）

作りたてのおいしさは格別

小さなどら焼き

材料（20個分）

卵（全卵1個＋卵黄1個分）…85 g
上白糖……………………………70 g
米あめ（はちみつ）……………大さじ1
重曹………………………………小さじ½弱
薄力粉（または米粉）…………90 g
水…………………………………大さじ1
みりん……………………………大さじ½
つぶしあん………………………100 g

準備

○上白糖、薄力粉はそれぞれふるっておく。
○重曹は同量の水で溶いておく。
○つぶしあんは5 gずつに丸めておく。

どら焼きに焼印をする場合は、焼印をガスコンロで充分（約2分）熱し、食パンや失敗した生地で試し焼きをしてから2番目に焼きつけると失敗なくできます。

★もちもちっとした食感を楽しみたい人は、薄力粉の代わりに米粉を使って作ってみましょう。

作り方

1 ボウルに卵を溶きほぐし、上白糖を3度に分けて加え、米あめを加え、軽く泡立てる。
2 湯せんにかけながら白っぽくなるまで混ぜる（イ）。※泡を立てすぎないよう注意する。
3 水で溶いた重曹を加えて混ぜ合わせ、ふるっておいた薄力粉を2度に分けて加える。切るようにゴムベラで混ぜ、水とみりんを加え、たらりと生地が下に落ちる状態にする（ロ）。
4 冷蔵庫で30分休ませる。
5 フライパンを温め、薄く油を引き、キッチンペーパーで余分な油をふき取る。
6 5のフライパンを一度ふきんの上で冷まし、4の生地を丸く流す（ハ）。
7 中火から弱火にして1分ほど焼く。表面に気泡が少し出てきたらへらをさっと差し込み、ひっくり返して10～20秒ほど焼く。※焼きすぎると硬くなるので注意する。同様にして40枚焼く。
8 焼印を直火で2分ほど熱し、食パンで試し焼きをしてから20枚にジュッと軽く押す（ニ）。
9 生地が冷めたら、丸めたつぶしあんをはさむ。

焼印の先

イ

ロ

ハ

ニ

ふんわり、しっとり、やさしい甘さ

浮《うき》島《しま》

材料（13.5 × 15.5 cm 流し缶 1 台分）

- 卵黄……………………………2 個分
- 砂糖……………………………30 g
- 塩………………………………少々

白あん……………………………200 g

薄力粉……………………………15 g

上新粉……………………………13 g

- 卵白……………………………2 個分
- 砂糖……………………………15 g

抹茶パウダー……………………小さじ⅙

食用色素（赤）…………………少々

栗の甘露煮……………………… 5 個

準備

○薄力粉と上新粉は合わせてふるっておく。

○抹茶パウダーは少しのお湯で食用色素は少しの水で溶いておく。

○栗の甘露煮を細かく切っておく。

○流し缶にクッキングペーパーを敷いておく。

「浮島」はあんを主原料に卵、上新粉、小麦粉などを加えて蒸したもの。ふっくらとキメが細かく、あんが入っているのでしっとりとした食感があります。名前の由来は蒸してふくらんだ様子が浮島のように見えるからだとか。

作り方

1 ボウルに卵黄、砂糖、塩を入れ、白っぽくなるまですり混ぜ（イ）、 白あんを 3 回に分けて加え、混ぜ合わせる。

2 ふるっておいた粉類を加え、ゴムベラで切るように混ぜる。

3 別のボウルに卵白を入れて 5 分立てにし、砂糖を加えてさらに泡立て、7 分立てにする。※メレンゲまでにしてしまうと穴があいてしまうので注意する。

4 2 に 3 を何回かに分けて加え（ロ）、さっくり混ぜ合わせる。

5 4 の生地の ¼ 量を取り分け、水で溶いた食用色素を加えて桃色にする。

6 4 の生地の大さじ 3 杯を取り分け、お湯で溶いた抹茶パウダーを加えて若草色にする。

7 流し缶に残りの 4 の生地を流し入れ、表面を平らにし、細かく切った栗の甘露煮をのせる。

8 5 の桃色の生地を 7 の上に流し、その上から 6 の若草色の生地を流す（ハ）。

9 蒸気のあがった蒸し器に入れ、ふたをずらして四隅から蒸気を出しながら、強火で 10 分蒸し、その後、きちんとふたをして 20 分蒸す。

10 流し缶から取り出して粗熱を取り、丸い型で抜く（ニ）。

イ

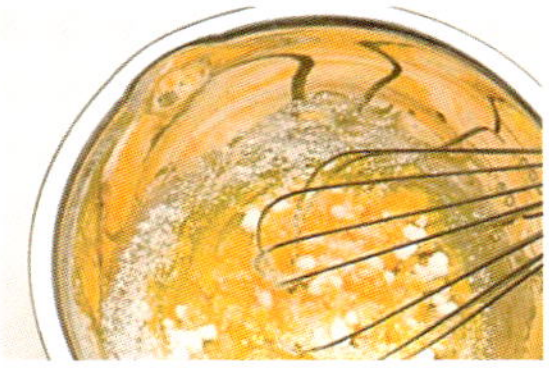

ロ

ハ

ニ

春らしいやさしい色合いにうっとり

きんとん（春）

材料（各 7 個分）

白あん……………………………330 g

［白玉粉……………………………3 g
　水………………………………小さじ 2

白あん……………………………98 g

食用色素（ピンク・黄）……各少々

つや干し錦玉の生地
（59 ページ参照）…………適宜

準備

○食用色素はそれぞれ少量の水で溶いておく。

○白玉粉は水で溶いておく。

○白あん（98g）は 7g ずつに丸めておく。

作り方

1　37 ページを参照して練りきりあんを作る。

2　1 の生地の中から 45g を取り分け、水で溶いた食用色素で黄色にし、薄くのばし、ちょうちょの型で抜く。

3　1 の残りの生地を 2 等分し、半分量はそのままにし、もう半分量は水で溶いた食用色素でピンク色にする。

4　きんとんこし（8 ページ参照）で白とピンク色の生地をそれぞれこす（イ）。

5　丸めた白あんに 4 のあん（13g）を下の部分からのせ、きんとんの形にととのえる（ロ）。

6　59 ページを参照してつや干し錦玉を作り、薄く切って葉の型で抜く。

7　5 に 2 と 6 をはしで飾りつける。

イ

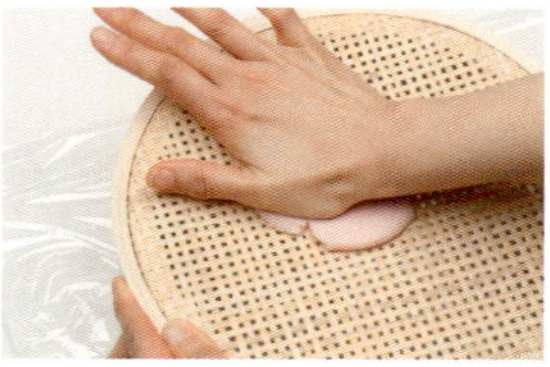

ロ

やわらかな生地に上品な甘さの白あんが合う

カステラまんじゅう

材料（12 個分）

溶き卵…………………………20 g
上白糖…………………………20 g
はちみつ……………………小さじ 1
米あめ………………………小さじ 1
重曹…………………………小さじ ¼
薄力粉…………………………60 g
手粉用薄力粉………………20 g
白あん…………………………120 g

準備

○薄力粉、上白糖はそれぞれふるっておく。
○重曹は同量の水で溶いておく。
○白あんは 10g ずつに丸めておく。

作り方

1 ボウルに溶き卵と上白糖を入れ、湯せんにかけながらよくすり混ぜる。はちみつ、米あめを加えてよく混ぜ、上白糖が溶けたら湯せんからおろす。

2 生地を冷やしてから水で溶いた重曹とふるっておいた薄力粉を加え、ゴムベラで混ぜ合わせ、冷蔵庫で 30 分以上休ませる（イ）。

3 手粉用の薄力粉をバットに広げ、2 の生地をのせて棒状にのばし、9 g ずつに切り分ける。丸めて平らにし、丸めた白あんを中心にのせ､回しながら包み込む（ロ）。

4 包み終わりを下にして、形をこんもり丸くととのえる。

5 190℃のオーブンで 9 ～ 10 分焼く。

イ

ロ

外はシャリッ、中はしっとり、すりガラスのような干菓子《ひがし》

つや干し錦玉《きんぎょく》

材料（13.5 × 15.5cm の流し缶 1 台分）

- 粉寒天……………………………4 g
- 水…………………………………300 g

グラニュー糖……………………500 g
食用色素（黄・緑・紫）………各少々

準備

○食用色素は少量の水で溶いておく。

※つや干し錦玉とは、煮詰めた寒天の表面を乾燥させたもの。

作り方

1 鍋に粉寒天と水を入れて火にかけ、かき混ぜながら煮溶かす。沸騰したら弱火にし、さらに1分半煮る（イ）。

2 火を止め、グラニュー糖を加えて溶かす。あまりかき混ぜないようにして、水で溶いた好みの食用色素を加え（ロ）、混ぜる。

3 105℃になるまで煮詰める（ハ）。※指でつまんで糸が引くくらい。火傷に注意する。

4 流し缶に流し入れ（ニ）、上に浮いた泡を水でぬらした紙で取る。

5 一晩おいて固まったら切り、好みの型で抜く（ホ）。
※抜いた残りの生地は、再度溶かして固め直すことができる。

6 油を引いた網やこし器の上などにおき（ヘ）、乾かす。

7 ２日間風通しのよい所で乾燥させる。

イ

ロ

ハ

ニ

ホ

ヘ

室町時代から伝わる代表的な打ち菓子

落《らく》　雁《がん》

材料（約 17 個分）

上白糖……………………………40 g
食用色素（ピンク・緑・黄）…各少々
水…………………………………ほんの少々
寒梅粉……………………………20 g
片栗粉……………………………小さじ ½

準備

○食用色素はそれぞれ少量の水で溶いておく。

落雁の型がないときはチョコレートの型やシリコンの型でも作れます。上白糖を和三盆にすると、より上品な口溶けになります。

作り方

1 ボウルに上白糖をふるい入れ、水で溶いた好みの食用色素を加えて混ぜる（イ）。

2 水を 1 ～ 2 滴入れ（ロ）、握ってみて指の形が残るくらいの固さにする（ハ）。

3 寒梅粉を加え（ニ）、手でまんべんなく混ぜ合わせ、片栗粉を加えて混ぜ合わせる。

4 3を型に入れ、スプーンで押しつけながらまとめる（ホ）。

5 ひとつひとつ手で押さえ（ヘ）、最後に木べらですり切り、台の上に静かにあける。

6 丸いしずく状のものは3の生地（大さじ 2）に水あめ（小さじ ½ 強）を加えてよく混ぜ、小さく丸めて一晩乾かす。

イ

ロ

ハ

ニ

ホ

ヘ

落雁の型

column ②

ホッとひと息！
和菓子に合う日本茶

釜《かま》炒《い》り茶

煎茶よりもひときわ香りが高く清々しいのどごし、渋みが少なく透明感のある黄色が特徴。採取した茶葉を蒸さないですぐに釜で炒り、手で揉みながら乾燥させる中国式の作り方をする緑茶です。茶葉の形は勾玉状の丸い形で玉緑茶ともいわれ、煎茶とは違った味わいがあります。胃への負担が少ない特徴などから人気上昇中。しっかりとした味わいのお茶なので「すはま」や「水ようかん」、「どら焼き」などの和菓子に合います。

おいしい入れ方

1. 沸騰している湯を人数分の湯のみに注ぎ、次に急須にあけ、さらに急須の湯を湯冷ましに移す。
2. 湯をあけた急須に茶葉（１人分約３ｇ）を入れる。
3. 湯冷ましに移した湯（９０℃くらい）を急須に端の方から静かに注ぐ。
4. ふたをして１～２分蒸らす。この間に湯のみに湯を注いで温めておく。
5. ふたを押さえて急須を持ち、味や濃さが均一になるよう、均等にまわしつぎする。最後の一滴まで絞る。二煎目は９０℃くらいのお湯を注ぐ。

第3章

野菜・果物の和菓子

和菓子に野菜やフルーツなんて……と思われがちですが、それが意外にぴったり。野菜や果物をたっぷりと練り込んだあんこ玉、寒天で固めたようかんやゼリーなど、野菜本来の「色」「味」「香り」を大切にしました。無添加、無着色で低カロリーだから安心。野菜嫌いのお子様にもおすすめです。

豆の風味と口溶けのよさがうれしい

枝豆かん

材料（６個分）

枝豆（茶豆）…………正味 150 g

［粉寒天………………2 g
　水……………………250 mℓ］

砂糖……………………100 g

塩………………………少々

［くず粉………………小さじ½
　水……………………50 mℓ］

準備

○くず粉は水で溶いておく。

イ

作り方

1　枝豆は２０分くらいやわらかくなるまで茹で、薄皮をむき（イ）、フードプロセッサーにかけてペースト状にする。

2　鍋に粉寒天と水を入れて火にかけ、かき混ぜながら煮溶かす。沸騰したら１分半ほど煮て、砂糖、塩を加えて溶かす。

3　火を止めて 1 を少しずつ加えてよく混ぜ合わせる。

4　水で溶いたくず粉を少しずつ加え、再度弱火にかける。焦げないように木べらでよく混ぜ、とろみが出てきたら火からおろす。

5　鍋底を水につけて粗熱を取り、生地が重くなってきたら、水でぬらした型に流し、冷やし固める。

枝豆かんでもう一品

カラフルな白玉をプラスしておしゃれに

枝豆かんと白玉の白みつがけ

材料（３人分）

枝豆かんの材料（上記と同じ）

［白玉粉…………………50 g
　水………………………50 g］

食用色素（赤、黄、紫）…各少々

《白みつ》

水………………………50 mℓ

砂糖……………………100 g

塩………………………少々

準備

○食用色素はそれぞれ少量の水で溶いておく。

○白みつの材料を鍋に入れて火にかけ、砂糖が溶けたら冷やしておく。

作り方

1　上記を参照して寒天液を作り、流し缶に流して冷やし固め、ひとくち大に切る。

2　白玉粉に水を少しずつ加え、耳たぶくらいの固さになるまでこねて３等分にする。１つはそのままにし、２つめは赤と黄色の食用色素でオレンジにし、３つめは紫色の食用色素で淡い紫色にする。

3　小さく丸め、熱湯で茹で、浮きあがってきたら水に取る。

4　グラスに 1 と 3 をあしらい、白みつをかける。

自然風味のあんに寒天をまとわせて

野菜あんのあんこ玉

材料（各３個分）

《紫芋あん》

白あん……………………………60 g

紫芋パウダー……………………小さじ１

《抹茶あん》

白あん……………………………60 g

抹茶パウダー……………………小さじ½

《かぼちゃあん》

かぼちゃ（裏ごししたもの）…30 g

白あん……………………………30 g

砂糖………………………………小さじ２

┌ 粉寒天…………………………３ g
└ 水………………………………300 mℓ

グラニュー糖……………………小さじ２

塩…………………………………少々

┌ くず粉…………………………30 g
└ 水………………………………100 mℓ

準備

○くず粉は水で溶いておく。

作り方

1 野菜のあんを作る。紫芋あんは白あんに紫芋パウダーを加えてよく混ぜる。抹茶あんは白あんに抹茶パウダーを加えてよく混ぜる。かぼちゃあんはかぼちゃを蒸すか、茹でて裏ごしし、白あんと砂糖とよく混ぜ合わせる。

2 1の野菜あんをそれぞれ20gずつに丸めておく。

3 鍋に粉寒天と水を入れて火にかけ、かき混ぜながら煮溶かす。沸騰したら弱火にし、１分半ほど煮て（イ）、グラニュー糖と塩を加えて溶かす。

4 3に水で溶いたくず粉を加えて混ぜ（ロ）、透明になり、とろみが出るまで混ぜながら煮る（ハ）。

5 火からおろし、2のあんをくぐらせ（ニ）、網に取って冷やす。

イ

ロ

ハ

ニ

つるんとしたのどごし

くずれんこん

材料（8～9個分）

れんこん（すりおろし）……大さじ2

粉寒天……………………………1 g

［くず粉…………………………30 g

　水………………………………200 mℓ］

砂糖………………………………50 g

ゆず（細切り）………………適宜

準備

○れんこんは皮をむき、酢水につけておく。

○くず粉は水で溶いておく。

作り方

1 酢水につけておいたれんこんをすりおろす。

2 鍋に粉寒天、水で溶いたくず粉を入れ、かたまりがなくなるまでよく混ぜ合わせ、火にかける。

3 1分ほど煮て、すりおろしたれんこんと砂糖を加えてよく混ぜる。

4 底がこんにゃく状になったら弱火にし、力強く練りあげる。透明なのり状になったら、スプーンで型に流し、冷やし固める（イ）。

5 型から取り出し、上に細切りにしたゆずをあしらう。

イ

甘酸っぱさが夏バテ予防にぴったり

赤じそかん

材料（２人分）

- 粉寒天……………………………2 g
- 水…………………………………200 mℓ

グラニュー糖……………………50 g

赤じそジュース（市販）……100 mℓ

自家製赤じそジュースの作り方

良質な赤じそをよく洗い、水から茹でます。アクを取りながら葉の色が緑色になるまで煮出します。葉を取り出し、砂糖とレモン汁を加えます。赤じその旬の時期にたくさん作って保存してもいいでしょう。飲むときは水や炭酸水で割って。

作り方

1 鍋に粉寒天と水を入れて火にかけ、かき混ぜながら煮溶かす。

2 沸騰したら弱火にし、１分半ほど煮立てる。

3 グラニュー糖を加えて溶かし、火からおろし、赤じそジュースを加えて混ぜる。

4 水でぬらした流し缶に流し、冷やし固め、梅の型で抜き、グラスに入れる。

梅の型

水玉模様がとってもキュート

野菜と白みそあんの茶巾

材料（12 個分）

白あん……………………………330 g

白玉粉……………………………3 g
水………………………………小さじ 2

白みそ……………………………小さじ 1

紫芋パウダー……………………少々

抹茶パウダー……………………少々

準備

○白玉粉に水を加えて溶いておく。

かぼちゃあんやグリンピースのあん（14 ページ参照）で水玉もようを作ってもかわいい。

作り方

1 白あんを耐熱ボウルに入れてキッチンペーパーをのせ、電子レンジで 1 分加熱する。取り出してかき混ぜ、再度 2 分加熱する。

2 白っぽく水分がとんだら、別のボウルに 30g を取り分ける。残りの生地に水で溶いた白玉粉を加えてキッチンペーパーをのせ、電子レンジで 1 分加熱する。取り出してかき混ぜ、再度 1 分半ほど加熱し、白みそを加えて混ぜる（イ）。

3 台の上にふきんを敷き、その上に 2 を取り出し、冷めるまでよくこねる。

4 すべてを親指大にちぎったら、生地を合わせてこね、ひとまとめにする。空気が入り、白くなるまでこの作業を 3 ～ 4 回くり返す。

5 4 の生地を 17g ずつに丸めておく。

6 2 で取り分けた白あん（30g）を 2 等分し、紫芋パウダーと抹茶パウダーをそれぞれに加えて色をつける。

7 6 の生地をそれぞれめん棒で薄くのばし、口金などで丸く抜く（ロ）。

8 硬く絞ったぬれぶきんに 5 をのせ、7 をはりつけ（ハ）、茶巾に絞る（ニ）。

イ

ロ

ハ

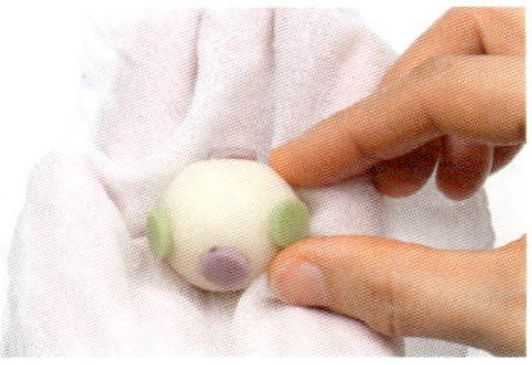

ニ

見た目もきれいで涼しげ

フルーツのみぞれかん

材料（約 30 個分）

┌ 道明寺粉……………………大さじ 2
│ 水……………………………40 mℓ
└ 食用色素（黄）…………少々

いちご、キウイ、パイナップル（缶詰）
……各適宜

┌ 粉寒天……………………3 g
└ 水……………………………300 mℓ

グラニュー糖………………100 g

イ

作り方

1 耐熱のボウルに道明寺粉と水を入れ、少量の水で溶いた食用色素を加え、黄色にする（イ）。

2 ラップをし、電子レンジで 3 分加熱し、そのまま蒸らす。

3 いちご、キウイ、パイナップルはみじん切りにする。

4 鍋に粉寒天と水を入れて火にかけ、かき混ぜながら煮溶かす。沸騰したら弱火にし、1 分半ほど煮る。グラニュー糖を加えて溶かし、2 を加える。

5 水でぬらした型に 4 を少量流し、3 のフルーツを入れる。再度 4 を流し、冷やし固める。

甘さとほろ酸っぱさのバランスがいい

杏ようかん

材料（6個分）

杏（缶詰）………………3～4個
（ピューレにして 50 mℓ）

粉寒天…………………2 g
水………………………150 mℓ

砂糖……………………50 g

白あん…………………130 g

杏（飾り用）…………1～2個分

作り方

1 杏は裏ごししてピューレ状にする（イ）。

2 鍋に粉寒天と水を入れて火にかけ、かき混ぜながら煮溶かす。

3 沸騰したら弱火にし、1分半ほど煮る。

4 砂糖、白あん、1を加え、弱火で焦がさないように火を通す。

5 器に流し、冷やし固め、上に小さく切った杏を飾る。

イ

見た目でも舌でも味わえる

青豆きんとん

材料（10 個分）

白あん……………………………240 g
グリンピース………………100 g
食用色素（赤）……………少々
白あん……………………………100 g

準備

○白あん（100g）は 10g ずつに丸めておく。
○食用色素は少量の水で溶いておく。

グリンピースは簡単に指でつぶれるくらいまでやわらかく茹でます。裏ごしをすると自然に薄皮ははがれ、簡単に取り除けます。

きんとんこし
きんとんのそぼろを作るときに使うこし器。藤製や竹製があるほか、手入れが簡単なステンレス製のものもある。ない場合はストレーナーなどを利用して。

作り方

1　白あん（240g）を耐熱のボウルに入れ、クッキングペーパーをのせ、電子レンジで 1 分加熱して水分をとばす（イ）。200g と 40g に分ける。

2　グリンピースは手でつぶせるくらいにやわらかく茹でて、裏ごしする（ロ）。1 の白あん（200g）と混ぜ合わせ、きんとんこしでこす。

3　1 の白あん（40g）に水で溶いた食用色素を加え、桃色のあんを作り、ストレーナーでこす。

4　丸めておいた白あんに 2 のグリンピースのあんをはしで下から飾りつける（ハ）。

5　3 の桃色のあんをところどころにはしでさすようにして飾りつける。

イ

ロ

ハ

ヘルシーでホッとするおいしさ

いちごとあずきのくず寄せ風

材料（２個分）

いちご……………………100ｇ
レモン汁………………大さじ１
砂糖……………………60ｇ
┌ 粉寒天………………２ｇ
│ 牛乳…………………200 mℓ
└ 米粉…………………13ｇ
砂糖……………………45ｇ
甘納豆…………………大さじ２

準備

○器に甘納豆を入れておく。

作り方

1 いちごはへたを取り、レモン汁と一緒にミキサーにかけ、ピューレ状にする。
2 １の半量を別のボウルに取り分け、砂糖（60g）を加えて混ぜ合わせ、いちごソースにする。
3 鍋に粉寒天と人肌に温めた牛乳を入れたら、米粉を茶こしでふるい入れてよく混ぜ、中火にかける。２分ほど加熱し、砂糖（45g）を加えて混ぜる。
4 とろみがついたら１の残り（半量）を加えてよく混ぜ、甘納豆を入れた器に流し、冷やし固める。
5 ２のいちごソースを上にかける。

とろける食感、やさしい口当たり

抹茶と豆乳のくず寄せ風

材料（２個分）

熱湯……………………大さじ２
砂糖……………………大さじ２
塩………………………少々
こしあん………………大さじ２
┌粉寒天………………１ｇ
│豆乳…………………３００㎖
└米粉…………………１５ｇ
砂糖……………………４５ｇ
抹茶パウダー…………小さじ½

準備

◯抹茶パウダーは少量の熱湯で溶いておく。

作り方

1　鍋に熱湯を入れ、砂糖（大さじ２）と塩を加えて溶かす。

2　ボウルにこしあんを入れ、1を少しずつ加えてよく混ぜる。

3　別の鍋に粉寒天と豆乳を入れ、米粉を茶こしでふるい入れてよく混ぜ、中火にかける。２～３分加熱し、砂糖（45g）と熱湯で溶いた抹茶パウダーを加えてよく混ぜる。

4　とろみがついたら器に流し、冷やし固め、2を上にかける。

旬の果物を器にすればとってもおしゃれ

日向夏柑《ひゅうがなつかん》のゼリー

材料（4個分）

日向夏柑……………………4個

［粉寒天……………………3g
　水…………………………150㎖

砂糖…………………………60g

レモン汁…………………小さじ2

切り分けず、丸ごとスプーンでいただく場合は、粉寒天を2gにし、果肉もプラスしましょう。

作り方

1　日向夏柑は半分に切り、果肉をくり抜き（イ）、果汁（200㎖）を絞る（ロ）。

2　鍋に粉寒天と水を入れて火にかけ、かき混ぜながら煮溶かす。

3　沸騰したら弱火にし、1分半ほど煮立て、砂糖を加えて溶かす。

4　火からおろし、1の果汁とレモン汁を加えて混ぜる（ハ）。

5　1の皮に流し入れ（ニ）、冷やし固めて切り分ける。

イ

ロ

ハ

ニ

金柑を使ってもう一品

皮ごと食べられるかわいいゼリー

金柑《きんかん》のゼリー

材料（5個分）

金柑…………………………5個

［粉寒天……………………2g
　水…………………………200㎖

砂糖…………………………60g

レモン汁…………………小さじ2

作り方

1　金柑は半分に切り、果肉をくり抜き、果汁（大さじ1⅓）を絞る。

2　以下、上記を参照し、手順2～5と同様にして作る。

column ③

ホッとひと息！
和菓子に合う日本茶

ばん茶

淡白な味、さっぱりとした飲みごこち、少ない甘みでやさしい茶色が特徴。関東では番外のお茶とされ、関東より西では木が熟す７、８月に茶葉を摘んで作る一番茶で、遅く摘むところから晩茶と書く。製法には煮る、炒める、漬ける、蒸す、干すなど、伝統の作り方が日本各地に残されている。自然栽培され、強い天日に干されたお茶は１年に一度しか摘めない貴重なお茶。太陽のエネルギーとミネラル分を多く含み、消化を助け、廃毒作用のあるすぐれた晩熟のお茶です。さらっとした味わいの番茶には「みたらし団子」や「そばボウロ」、「かりん糖」といった庶民的な和菓子がおすすめです。

おいしい入れ方

1. 大きめの急須と厚手の茶碗を用意する。急須に茶葉（１人分約3g）を入れる。
2. 熱湯を急須に入れ、ひと呼吸（１０～３０秒）おいたら茶碗に注ぐ。
3. ふたを押さえて急須を持ち、味や濃さが均一になるよう均等にまわしつぎする。
4. 二煎目は 90℃くらいのお湯を注ぐ。

第4章

昔なつかしい和菓子

田舎のおばあちゃんが作るような素朴でぬくもりのあるお団子や蒸しパン、カリッとした食感が楽しいかりん糖、甘辛のたれがおいしいみたらし団子……。そんななつかしい味、ホッとする味の和菓子ばかりを作ってみました。ご家庭で、おいしい手作りの和菓子をぜひ味わってみてください。

カリッとした歯ごたえと自然な甘さ

かりん糖

材料（作りやすい分量）

薄力粉……………………90 g
米粉………………………10 g
ドライイースト……小さじ⅓
水…………………………60 ～ 70 mℓ
砂糖………………………大さじ½
塩…………………………少々
なたね油…………………適宜
砂糖衣
　グラニュー糖……45 g
　熱湯…………………大さじ2

準備

○薄力粉と米粉は合わせてふるっておく。

一度に生地を入れて揚げる場合は大きめの鍋が、砂糖衣を作るときはフライパンがおすすめ。かりん糖の生地は冷やしてから切ると切りやすくなります。サクッと歯にやさしい食感がお好きな場合は米粉を薄力粉に代えて。水を野菜のジュースに代えると野菜のかりんとうができます。

作り方

1 ボウルにふるった粉類とドライイーストを入れ、よく混ぜ合わせる。
2 水の中に砂糖と塩を入れてよく混ぜ、1の中心に注ぎ、ゴムベラで混ぜ合わせる。※水は一度に加えず、状態をみながら加える。
3 水分を調整しながら手でなめらかになるまでこねる（イ）。※生地がべたついたら薄力粉を足す。
4 30℃くらいの場所で35 ～ 45分発酵させる。発酵前の状態（ロ）と発酵後の状態（ハ）。
5 生地を半分に分け、半分はラップをして冷蔵庫に入れておく。
6 5をクッキングペーパーの上にのせ、めん棒で2 ～ 3㎜の厚さにのばす。ナイフで細長く切り込みを入れ、冷蔵庫に入れる。残りの生地も同様にする。
7 低温に油を熱し、生地の切り込みにスケッパーを入れて手前に引き、油に入れる。ときどき混ぜながら後半は少し油の温度をあげ、カリッとするまで約15分揚げ、油を切る（ニ）。
8 厚手のフライパンにグラニュー糖と熱湯を入れて火にかけ、沸騰したら弱火にし、7を加えてからめる。
9 くっつかないようにクッキングペーパーの上で手早くほぐしながら乾かす。

イ

ロ

ハ

ニ

やさしい甘さと桜の塩気がほどよいバランス

吉野山

材料（10 個分）

薄力粉……………………………110 g
米粉（薄力粉）………………25 g
ベーキングパウダー…………4 g
砂糖………………………………100 g
塩…………………………………1 g
溶き卵……………………………20 g
水…………………………………110 mℓ
乾燥よもぎ………………………2 g
桜の花の塩漬け………………適宜

桜の花の塩漬け

準備

○桜の花の塩漬けは水につけてからさっと水洗いしておく。
○薄力粉と米粉、ベーキングパウダーは合わせてふるっておく。
○乾燥よもぎは熱湯（分量外）に浸し、硬く絞っておく。

※生のよもぎを使う場合は 19 ページを参照してください。

作り方

1 ボウルにふるっておいた粉類を入れ、砂糖と塩を加え、よくすり混ぜる。
2 別のボウルに溶き卵と水を入れて混ぜ合わせる。
3 1の中心にくぼみを作り、2を加え、ゴムベラで混ぜ合わせる。
4 別のボウルに3の生地の ⅓ 量を取り分け、よもぎを加えて混ぜる。
5 小さなマフィンカップに3の生地をスプーンでカップの半分まで流し、6 分目くらいまで4の生地を入れ（全体量約 33g）、水気を切った桜の花の塩漬けを上にのせる。
6 蒸気のあがった蒸し器に入れ、強火で 15 分ほど蒸す。竹ぐしをさして、何もついてこなければできあがり。

黒砂糖の風味にみそを加えたコクのある蒸しパン

松風風

材料（10 個分）

薄力粉……………………………110 g
米粉（または薄力粉）…………25 g
ベーキングパウダー……………4 g
黒砂糖……………………………100 g
溶き卵……………………………20 g
水…………………………………110 g
白みそ……………………………大さじ 1
塩麹………………………………小さじ 2
白ごま……………………………適宜

準備

○薄力粉と米粉、ベーキングパウダーは合わせてふるっておく。

作り方

1 ボウルにふるっておいた粉類を入れ、黒砂糖を加えてよくすり混ぜる。
2 別のボウルに溶き卵と水、白みそ、塩麹を入れて混ぜ合わせる。
3 1の中心にくぼみを作り、2を加え、ゴムベラで混ぜ合わせる。
4 小さなマフィンカップに3の生地をスプーンで6分目くらいまで流し、白ごまを散らす。
5 蒸気のあがった蒸し器に入れ、強火で 15 分ほど蒸す。竹ぐしをさして、何もついてこなければできあがり。

素朴でやさしい、どこか懐かしい味

きな粉すはま

材料（40 ～ 60 個分）

- 白玉粉……………………25 g
- 水…………………………45 mℓ
- 上白糖……………………17 g
- きび砂糖…………………17 g
- 水あめ……………………小さじ 1
- 塩…………………………少々
- 手粉用片栗粉……………適宜
- きな粉……………………70 g
- 上白糖……………………50 g
- うぐいすきな粉…………70 g
- 上白糖……………………50 g
- グラニュー糖……………適宜
- きな粉……………………適宜

すはま（州浜）／大豆の粉に水あめを混ぜたもの。豆飴ともいう。

作り方

1 ぎゅうひ生地を作る。ボウルに白玉粉を入れ、水を少しずつ加えながら指で溶き混ぜる。※水を一度に加えるとダマになりやすいので、必ずお団子の生地状にしてからさらに水を加える。

2 鍋に入れて弱火にかけ、木べらでよく混ぜながら火を入れる。固まり、透明になったら上白糖ときび砂糖を 2 回に分けて加え、最後に水あめ、塩を加えて混ぜる。

3 バットに片栗粉を広げ、ぎゅうひ生地をおき、2 つに分ける。

4 ボウルにきな粉と上白糖をふるい入れ、3の生地（半分量）を加えて混ぜ合わせる（イ）。残りの生地はうぐいすきな粉と上白糖で同様にする。

5 4の生地をそれぞれのばし、型で抜き（ロ）、グラニュー糖をまぶす。球状のすはまは余りの生地を 3g ずつに丸め、きな粉をまぶす。

イ

ロ

本わらび粉で作る風味豊かな一品

わらびもち

材料（10個分）

本わらび粉……………25 g
水………………………100 mℓ
砂糖……………………90 g
こしあん………………130 g
きな粉…………………適宜

準備

○こしあんは13gずつに丸め、冷凍庫で半分凍らせておく。

本わらび粉でわらびもちを作るコツは水を少しずつ加えて混ぜ、必ず一度こすこと。電子レンジから取り出したら「思いっきり」力を入れてかき混ぜること。そうするとダマになりません。

作り方

1 ボウルに本わらび粉を入れ、少しずつ水を加え、指で溶き混ぜる（イ）。
2 砂糖を加えて混ぜ、一度こして耐熱のボウルに入れる。
3 ラップをし、電子レンジで30秒ほど加熱し、取り出して力を入れてすばやくかき混ぜる。同じように1分ずつ3回加熱し、透明感がでるまで力を入れてかき混ぜる（ロ）。
4 バットにきな粉を広げ、その上に3の生地をのせ、10等分にする。
5 4の生地で丸めたこしあんを包み、丸く形をととのえ、きな粉をふる。

イ

ロ

シコシコとした歯ざわりが人気

みたらし団子

材料（33個分）

上新粉……………………200 g
ぬるま湯………………170 mℓ
砂糖……………………20 g
《たれ》
┌ くず粉……………10 g
└ 水…………………大さじ2
┌ しょうゆ…………50 mℓ
│ きび砂糖…………40 g
│ 上白糖……………20 g
A 塩…………………少々
│ みりん……………小さじ2
│ 黒みつ（黒砂糖）…大さじ1
└ 昆布だし汁………100 mℓ

たれは煮立て方が足りないと粉っぽさが残り、煮立て過ぎると硬くなるので注意しましょう。

作り方

1 ボウルに上新粉を入れ、ぬるま湯を少しずつ加えながら混ぜ（イ）、耳たぶくらいのやわらかさになるまでこねてまとめる。
2 蒸し器にふきんを敷き、1の生地を手で小さく握りながらちぎって入れる（ロ）。
3 蒸気のあがった蒸し器で30分ほど蒸す。
4 ふきんごと取り出し、手に水をつけてもみ、ひとまとめにする。
5 ふきんから出してボウルに入れ、すりこ木に水をつけながらよくつく（ハ）。
6 砂糖を3～4回に分けて加え、生地がなめらかになるまでこねる（ニ）。
7 生地を台の上に移して3等分にし、棒状にする。長さをそろえて切り、10gずつに丸める。
8 たれを作る。小さな器にくず粉を入れ、水で溶く。
9 Aを小鍋に入れて火にかけ、煮立ったら手早く木べらで混ぜながら8を加える。弱火で2～3分煮て、透明感が出てきたら火からおろす。
10 フライパンを熱し、7の団子をおき、弱火で両面を焼く。器に盛りつけ、9のたれをかける。

イ

ロ

ハ

ニ

もっと簡単！

電子レンジでも作れます！

（上記の半量を作る場合）
上新粉100g、水160 mℓ、砂糖大さじ3を耐熱のボウルに入れ、電子レンジで40秒加熱する。取り出してよく混ぜ、再度1分加熱し、取り出してかき混ぜるを3回くり返し、生地が透明になるまで加熱し、よく混ぜる。以下、上記（7～10）と同じようにして作る。

ほんのり甘くてやさしい味わい

きび団子

材料（20 本分）

白玉粉……………………100 g
水…………………………100 ～ 130 mℓ

もちきび粉………………30 g

上新粉……………………14 g

きび砂糖…………………大さじ 2

塩…………………………少々

A
きな粉……………………大さじ 4
きび砂糖…………………大さじ 3
塩…………………………少々

黒みつ……………………適宜

作り方

1 ボウルに白玉粉を入れ、水を少しずつ加えて混ぜ（イ）、耳たぶより少しやわらかくなるまでこねる。

2 もちきび粉と上新粉を加えてよく混ぜ（ロ）、きび砂糖、塩を加えて混ぜる。

3 生地を棒状にのばし、2 g ずつに切って丸める。

4 熱湯に入れて茹で、浮いてきたら冷水に取る。

5 竹ぐしにさし、A の材料を混ぜ合わせたものをまぶし、お好みで黒みつをかけていただく。

イ

ロ

ツルンとした白玉に「ずんだ」とも呼ばれる枝豆のあんを添えて

白玉のずんだあん

材料（２人分）

白玉粉……………………160ｇ

砂糖………………………小さじ１

水…………………………160㎖

《枝豆あん》

枝豆（正味）……50ｇ

水…………………大さじ２

砂糖………………大さじ３

塩…………………少々

作り方

1 ボウルに白玉粉と砂糖を入れ、水を少しずつ加えて混ぜ、耳たぶより少しやわらかくなるまでこねる。

2 15ｇずつに丸め、熱湯で茹で、浮いてきたら冷水に取る。

3 枝豆あんを作る。枝豆を20分以上茹で、さやから出して薄皮をむく。フードプロセッサーにかけてペースト状にする。

4 小さめの鍋に水と砂糖、塩を入れて火にかける。砂糖が溶けたら火からおろし、3に加えて混ぜ合わせる。

5 2に4のあんをかけていただく。

そば独特の風味ともっちりとした食感がくせになる

そば団子

材料（4～5人分）
白玉粉…………………100 g
砂糖……………………大さじ2
水………………………140 ～ 150 mℓ
そば粉…………………100 g
和三盆糖……………各適宜

作り方

1 ボウルに白玉粉を入れ、砂糖を加えて混ぜ、水を少しずつ加えて混ぜる。
2 生地にダマがなくなり、ゆるくなってきたらそば粉を加え（イ）、耳たぶくらいの固さになるまで水分を調節しながら加えてこねる。
3 小さく丸め、中央にくぼみをつける。
4 熱湯で茹で、浮いてきたら冷水に取る。
5 水を切って器に盛りつけ、お好みで和三盆糖をかける。

イ

外はカリッ、中はしっとりの和風クッキー

ごまみそボウロ

材料（作りやすい分量）

卵……………………… 1個
きび砂糖……………35ｇ
白みそ………………小さじ1
米粉…………………40ｇ
重曹…………………ひとつまみ
白ごま………………適宜

準備

○天板にオーブンペーパーを敷いておく。

作り方

1 ボウルに卵を入れて溶きほぐし、きび砂糖を加えて湯せんにかけながらしっかり泡立てる（**イ**）。

2 白みそを加えて混ぜ、米粉と重曹をふるいながら加え（**ロ**）、混ぜ合わせる。1時間以上冷蔵庫に入れて休ませる。

3 **2**の生地を８㎜の丸口金をつけた絞り袋に入れ、天板に３㎝くらいの円に絞る（**ハ**）。

4 白ごまを上にのせ、200℃のオーブンで６～７分焼く。

イ

ロ

ハ

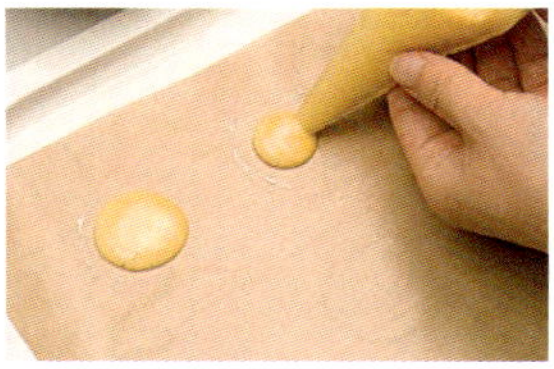

ふわ〜っと広がるお酒の風味

酒かすあられ

材料

●四角いあられ（天板１枚分）

米粉……………………50g
ベーキングパウダー…小さじ⅙
酒かす………………8g
なたね油……………大さじ½
塩……………………小さじ⅙
甘酒…………………大さじ2½
砂糖…………………小さじ2

●丸いあられ（80個分）

山芋のすりおろし…20g
酒かす………………3g
砂糖…………………大さじ1
もち粉………………20g
米粉…………………20g
水……………………大さじ2〜3
食用色素（赤・緑）…適宜

作り方

1 四角いあられを作る。ボウルに米粉とベーキングパウダーをふり入れ、酒かすを加えてすり混ぜる。

2 中心にくぼみを作り、なたね油、塩、甘酒、砂糖を入れ、ゴムベラで中心から混ぜていく。ひとつにまとまったら少しこねる。
※まとめやすい生地になるまで甘酒で調整する。

3 オーブンペーパーの上に**2**をのせ、ラップをのせた上からめん棒で1㎜ほどに薄くのばす（**イ**）。ところどころにフォークでさして穴をあけた後、正方形に切り込みを入れる。

4 160℃のオーブンで10〜15分焼き、切り離す。

5 丸いあられを作る。すり鉢に山芋のすりおろし、酒かす、砂糖を入れ、すりこ木ですり混ぜる。

6 ボウルに移し、もち粉と米粉をふり入れ、固さをみながら水を少しずつ加えて混ぜ合わせる。２等分にし、少量の水で溶いた食用色素で赤と緑にする。

7 小さく丸め、140℃のオーブン（予熱なし）で25〜30分、生地がカリッとするまで焼く。

イ

香ばしさと歯ごたえがうれしい

おこし

材料（13.5 × 15. 5 cm 流し缶 1 台分）

水あめ……………………………80 g
砂糖………………………………30 g
バター……………………………小さじ 2
熱湯………………………………大さじ 1
リ・スフレ………………………50 g
アーモンドダイス………………40 g
白ごま……………………………大さじ 2

準備

○アーモンドダイスは 170℃のオーブンで空焼きしておく。
○流し缶にオーブンペーパーを敷いておく。

リ・スフレ／もち米を特殊加工して焙煎し、米の持つ香ばしさを 100%引き出したサクサク感のある米食材（群馬製粉）

作り方

1 鍋に水あめ、砂糖、バター、熱湯を入れて火にかける。
2 かき混ぜながら煮立たせ、糸を引き、水に落として固まるようになったらリ・スフレ、空焼きしたアーモンドダイス、白ごまを加えて混ぜる。
3 オーブンペーパーを敷いた流し缶に **2** を広げる。スケッパーなどを使い、上から全体重をかけてまんべんなく、強く押さえる（**イ**）。
4 熱いうちにギザギザのナイフで、切り込みを入れておき、ひとくち大に切り分ける。

イ

のむらゆかり
Yukari Nomura

お菓子研究家
東京生まれ。料理研究家に師事後、製菓、シュガー、テーブルアートをヨーロッパで学びニューヨークの５つ星ホテルで働く。野菜の美味しさから自然食を学び、ストイックになり過ぎず心と身体に美味しいお菓子作りを研究、現在 dessert-Plus を主宰、お菓子とお茶の教室、企業の商品、メニュー開発等を手掛ける。主な著書に『おいしい基本のワッフル』（辰巳出版）、『冷たいお菓子』『アジアンデザート』『野菜スイーツ』『米粉のスイーツ』（ブティック社）がある。
ホームページアドレス http://www.dessert-plus.com

撮影協力

●伊那食品工業（株）　寒天材料
0120-321-621
受付時間／平日 8:40 ～ 18:00
土曜 9:00 ～ 12:00
http://www.kantenpp.co.jp

●群馬製粉（株）　米粉材料
☎ 0279-22-3302
http://www.5783.jp

● cuoca（クオカ）　製菓材料
0120-863-639
受付時間／ 10:00 ～ 18:00
（年末年始等を除き年中無休）
http://www.cuoca.com

STAFF

企画・編集・デザイン　株式会社ドーヴィル
撮影　高田　隆
スタイリング　小野寺祐子
調理アシスタント　真壁浩子
進行・編集担当　中川　通
編笠屋俊夫
渡辺　塁
牧野貴志（辰巳出版株式会社）

かんたん！ かわいい！ 低カロリー！
ひとくち和菓子

平成 24 年 7 月 1 日　初版第 1 刷発行
平成 25 年 12 月 10 日　初版第 2 刷発行

著　者　のむらゆかり
発行人　穂谷竹俊
発行所　株式会社日東書院本社

〒 160-0022
東京都新宿区新宿 2 丁目 15 番 14 号　辰巳ビル
TEL 03-5360-7522（代表）
FAX 03-5360-8951（販売部）
URL http://www.TG-NET.co.jp

印刷所　大日本印刷株式会社
製本所　株式会社セイコーバインダリー

ISBN 978-4-528-01496-1 C2077